D1701393

Sylvia Alphéus
Jahrgang 1938, geboren in Oldenburg i.O., Tätigkeit in der Landwirtschaft, Studium für das Lehramt an Grund- und Hauptschulen (Deutsch, Geschichte), Unterricht an Schulen mit hohem Anteil ausländischer Kinder. Dozentin in der Regionalen Erwachsenenbildung, Dezernentin mit den Schwerpunkten »Interkulturelles Lernen« und »Grundschulpädagogik« am Niedersächsischen Landesinstitut für Lehrerfortbildung in Hildesheim.

Lothar Jegensdorf
Jahrgang 1940, geboren in Elbing (Westpreußen), Studium der Germanistik und Katholischen Theologie, Promotion in Neuerer Literaturwissenschaft an der Ruhr-Universität Bochum, Studienrat an Gymnasien, Assistent an der Päd. Hochschule Niedersachsen im Fach »Deutschdidaktik«, Direktor beim Niedersächsischen Landesinstitut für Lehrerfortbildung in Hildesheim.

Mohsen Jelodar Shoushtar
Jahrgang 1984, geboren im Ahwaz (Iran). Dort Studium der Visuellen Kommunikation, Tätigkeit als Werbegraphiker und selbständiger Designer. Seit 2015 in Deutschland. Bundesfreiwilligendienst im Kulturbüro der Stadt Oldenburg. Beteiligung an Ausstellungen und Fotoworkshops im Rahmen des Kulturfestivals »blue OL«. Gegenwärtig Photograph und Graphiker.

Smadar Wältermann
Jahrgang 1969, aufgewachsen im Kibbutz Giwat Chaim Meuchad (Israel). Therapeutische Reitlehrerin. Seit 1995 in Deutschland. Dozentin für Hebräisch an der Carl von Ossietzky Universität Oldenburg. Freie Übersetzerin Hebräisch-Deutsch. Ausbildung zur Gabbait (Organisatorin des jüdischen Gottesdienstes). Angestellt in der Jüdischen Gemeinde zu Oldenburg in Verwaltung und Organisation.

»Komm in den Myrtengarten!«

Lyrik der Sepharden
aus al-Andalus

Sylvia Alphéus – Lothar Jegensdorf

Copyright © Romeon Verlag, Jüchen 2023

Die Rechte für die kommentierenden Textteile liegen bei den beiden Autoren. Die Rechte für den Abdruck der Gedichte haben die jeweils genannten Verlage den Autoren erteilt. Für einige Gedichte konnten die Inhaber der Rechte nicht ermittelt werden; sie werden gebeten, sich ggf. an die Autoren zu wenden.

Umschlag, Layout und Satz: Mohsen Jelodar Shoushtar
Hebräische Schriftzeilen: Smadar Wältermann

Die Deutsche Nationalbibliothek verzeichnet diese Publikation in der Deutschen Nationalbibliographie; detaillierte bibliographische Daten sind abrufbar unter http//dnb.dnb.de

ISBN:
978-3-96229-433-5

www.romeon-verlag.de

Inhalt

»Lob der hebräischen Dichtung von al-Andalus«   6

Einführung   8

Natur   29
»Die Erde liebt des Himmels Antlitz«

Wein   39
»Er küsst und beißt, macht krank und wieder heil«

Liebe   55
»In meinem Herzen lodert ihre Glut«

Vergänglichkeit   79
»Der Tod ist eine Sichel – wir sind seine Ernte«

Exil   89
»Lass Hispanien, nach Zion zieh!«

Anhang
Dichterbiographien   99
Anmerkungen   107
Literaturverzeichnis   111
Zeittafel   114

Lob der hebräischen Dichtung von al-Andalus

*Wisset, der köstlichen Dichtung Wundergabe
war früher allein Arabiens Söhnen gemein.
Die wussten sie wohl zu hegen und pflegen,
mit richtiger Waage gebührend zu wägen.*

*Zu ihnen kamen viele unsrer Vorfahren.
Nachdem aus der Heimat vertrieben sie waren*,
lernten sie deren Gedanken Gang
und deren Sprache vollkommenen Klang.*

*Darauf ein Teil des Stammes Jehuda
sich wandte nach Hispania.
Da weilten sie im arabischen Kreise,
erkannten auch der Dichtung Weise.*

*Als ihre alten Weisen aufhörten zu singen,
begann Hispaniens Leier zu klingen.
Als Ostens Söhne keinen Ton mehr fanden,
sind des Westens Sänger erstanden.*

*Im Jahre 4700 nach Schöpfung der Welt**
ward in Spanien ihr Geist erhellt,
und es begannen der Hebräer Söhne
zu lernen der Lieder neue Töne.*

*Es loderte auf der Dichtung Flamme,
ihr Schein ward gesehn im ganzen Stamme.
In Spanien erglänzte der Sonne Herrlichkeit
am Himmel der Erhabenheit.*

*Damals wogte des Wissens Meer
und trieb die köstlichsten Perlen einher.
Wem Wissbegier sollte die Brust erfüllen,
der konnte den Durst nach Herzenslust stillen.*

*Überall sah er Brunnen süßen Wassers quillen,
wo seinen Schlauch er konnte füllen.
Von Osten und Westen kamen die Besten
aus dem Reiche der Mohammedaner und Christen.

Es erstand das Geschlecht des lieblichen Dichterchors,
ihre Zeit heißt nach ihnen die des Blumenflors,
ein Dichtergeschlecht von seltener Milde,
das Geschlecht der neuen Sängergilde.

Sie waren des Wortes so mächtig,
die Reime erklangen so prächtig,
die Verse rundeten sich künstlerisch süß,
als wären es Früchte, gepflückt im Paradies.*[1]

Yehuda ben al-Charisi (geb. um 1170 in Toledo)

* Vertreibung der Juden aus Palästina durch die Römer im Jahre 70 u. Z.
** Dem Jahr 4700 im Jüdischen Kalender entspricht das Jahr 940 im Gregorianischen Kalender.

Einführung

Baudenkmäler in Córdoba, Granada und Sevilla zeugen vom hohen Niveau der ehemaligen islamisch-arabischen Kultur auf der Iberischen Halbinsel. Auf Schritt und Tritt findet man in ganz Spanien ihre materiellen Relikte; kein Reiseführer versäumt es, auf sie hinzuweisen. Obwohl auch Juden, die sich »Sephárden«[2] nannten, in der Geschichte Spaniens eine bedeutende Rolle gespielt haben, finden sich heute von ihnen nur an wenigen Orten sichtbare Spuren auf der Iberischen Halbinsel. Zwei Gründe sind für diese Unsichtbarkeit maßgebend:

Zum einen sind ihre architektonischen Hinterlassenschaften wie Synagogen seit ihrer Vertreibung im 15. Jahrhundert systematisch getilgt worden. Zum anderen hatte sich ihre Kultur im Wesentlichen auf den Gebieten der Wissenschaften und der Literatur ausgeprägt. Zwischen dem 9. und 15. Jahrhundert war Spanien das geistige Zentrum der jüdischen Welt. Die jüdische Poesie in hebräischer Sprache ist ein Teil des Reichtums der mittelalterlichen Geschichte und Kultur Spaniens.

Zielgruppe dieser kommentierten Anthologie ist eine an der jüdischen Kultur, der Geschichte und der Literatur Spaniens interessierte Leserschaft. Damit wird jene Publikation thematisch ergänzt, die die Verfasser zur damaligen arabischen Liebeslyrik auf der Iberischen Halbinsel vorgelegt haben.[3] Beide Veröffentlichungen zusammen beschreiben die einzigartige »Doppelblüte«[4] von islamisch-arabischer und jüdisch-hebräischer Literatur im spanischen Mittelalter.

Die Autoren dieser Anthologie verstehen sich als Vermittler der jüdisch-hebräischen Literatur, die bisher zu Unrecht im Schatten der islamisch-arabischen steht. Diese kommentierte Auswahl soll Leserinnen und Lesern einen leichten Zugang zur hebräischen Poesie im Südwesten Europas eröffnen. Die Sepharden haben die kulturelle und wirtschaftliche Entwicklung auf der Iberischen Halbinsel und nach ihrer Vertreibung

Einführung

auch in anderen mediterranen und europäischen Ländern wesentlich mitgeprägt.

Über die Kenntnis ihrer Literatur kann man frühere Epochen in vertiefter Weise verstehen. In den ausgewählten Gedichten kommt zum Ausdruck, was die damaligen Juden den Erfahrungen von Repression und Vergänglichkeit allen Seins entgegensetzten: Freude an der Natur, an der Liebe, am Weingenuss, Hoffnung auf Erlösung im Vertrauen auf Jahwe, ihren Gott, der mit dem jüdischen Volk gemäß Überlieferung in Vorzeiten einen Bund geschlossen hatte. Wir möchten mit der Präsentation jüdisch-hebräischer Gedichte einen speziellen Blick auf jene Epoche des »Goldenen Zeitalters von al-Andalus« werfen, die im 8. Jahrhundert begann und 1492 mit der Übergabe der Alhambra von Granada an Ferdinand von Aragon und Isabella von Kastilien ihren tragischen Abschluss fand.

Unser literarischer Brückenschlag eröffnet einen Zugang zu einer seit Jahrhunderten beendeten Kulturepoche. Gleichzeitig aber stellen wir bei der Lektüre der Gedichte mit nicht geringem Erstaunen fest, dass viele Erfahrungen der jüdischen Dichter, viele ihrer behandelten Themen und aufgeworfenen Fragen unseren ureigenen Erfahrungen, Themen und Fragen ähneln, so dass wir uns mit fremden Augen betrachten können. Der literarische Brückenschlag führt also gleichzeitig in die eigene Gegenwart. Damit erschließt die Universalität der jüdischen Poesie über Zeiten und Räume hinweg neue Möglichkeiten zur Selbstreflexion.

Wir beschränken uns bei unserer Auswahl auf die jüdisch-hebräische Lyrik, die auf der Iberischen Halbinsel zwischen dem 10. und 12. Jahrhundert entstand. Darüber hinaus konzentrieren wir uns auf die Texte von fünf Dichtern, deren Namen und Werke die Jahrhunderte überdauert haben:

Einführung

- Dunash ben Labrat, geb. um 925
- Shemu'el ha-Nagid, geb. 993
- Shelomo ibn Gabirol, geb. 1020
- Moshe ibn Ezra, geb. 1055
- Yehuda ha-Lewi, geb. um 1070

Diese Dichter gelten uns als repräsentativ für eine weit größere Anzahl jüdischer Poeten jener Jahrhunderte, wobei hinzuzufügen ist, dass vermutlich nicht unerhebliche Teile der ehemaligen jüdischen Dichtung von al-Andalus verlorengegangen sind.

Unsere Auswahl schöpft aus dem damaligen Reichtum der weltlichen hebräischen Lyrik. Sie stand immer im Schatten der religiösen. Erst die lang sich hinziehende Emanzipation der Juden in Europa seit der Aufklärung im 18. Jahrhundert, die Einrichtung von Lehrstühlen für Hebraistik an staatlichen Universitäten und umfangreiche literarische Funde im 19. Jahrhundert[5] – verbunden mit der Suche der Juden nach einer nationalen Heimstatt – richteten den Blick wieder auf das ganze Spektrum der jüdischen Poesie im spanischen Mittelalters.

Die arabische Hochkultur als Umfeld der jüdischen Lyrik

Die Entstehung der jüdisch-hebräischen Poesie auf der Iberischen Halbinsel ist nur durch die Faszination zu erklären, die die damalige arabische Kultur auf den gesamten Mittelmeerraum und auf Europa ausstrahlte. Unter der Herrschaft der Omayaden begann eine Epoche des Aufschwungs in Kunst, Literatur, Wirtschaft und Wissenschaft. Wer auf hohem Niveau Mathematik, Astronomie, Logik, Medizin studieren wollte, musste nach al-Andalus pilgern und Arabisch lernen. Professoren und lernbegierige Kleriker aus ganz Europa machten sich in den Süden auf und kamen mit neuesten Erkenntnissen und Schriften in ihre Heimatländer zurück. In Córdoba und an den Höfen der späteren Kleinkönigreiche (»Taifas«) lebte eine gebildete arabische Bevölkerungsschicht. In Verbindung mit einem enthusiastischen Naturgefühl, hoher Musikalität, seelischer Empfindsamkeit und Gedankenfreiheit griff die gleichzeitige arabische Dichtung Themen aus allen weltlichen Lebensbereichen auf.

Die jüdische Minderheit nahm an der arabischen Hochkultur, in der sie lebte, regen Anteil und entwickelte auf der Grundlage ihrer Tradition neue Aktivitäten. Juden lebten nach der weitgehenden Eroberung der Pyrenäenhalbinsel durch die Araber sowohl in den neuen muslimischen wie in den verbliebenen christlich geprägten Gebieten im Norden. Sie trugen wesentlich zum kulturellen und wirtschaftlichen Austausch bei. Sie waren geschätzt wegen ihres Wissens, ihrer Sprachfähigkeiten, ihres Fleißes, ihrer Zuverlässigkeit und Loyalität den Herrschenden gegenüber. Im Rückblick dürfte es »die brillanteste Epoche der jüdischen Geschichte«[6] gewesen sein, zumal Juden in unterschiedlichen Lebensbereichen herausragende Leistungen erbrachten.

Die Hochschätzung der arabischen Lebensart und Poesie durch das damalige Judentum zeigt das folgende Gedicht von Shemu'el ha-Nagid. Es nennt Elemente, die inhalts- und teilweise wortgleich von arabischen Dichtern in höchsten Tönen als Inbegriff irdischer Glückseligkeit gepriesen werden:

Lebensphilosophie

Fünf Dinge sind's, die jedes Leid vertreiben
und jedes Herz mit Freude füllen:
ein Garten, Wein, ein schönes Antlitz,
das Plätschern eines Baches und ein Poet.[7]

Einführung

Das sprachliche Umfeld der hebräischen Lyrik

Chasdai Ibn Schaprut (910 - 970), Leibarzt und Berater des Kalifen, holte in dessen Auftrag jüdische Dichter, Grammatiker, Wissenschaftler unterschiedlicher Disziplinen und gelehrte Juden nach Córdoba. Sie übersetzten im Auftrag des Herrschers Werke der griechischen Antike, die bereits in Arabisch vorlagen, ins Lateinische und Hebräische. Auch während der regen Übersetzungstätigkeiten im Auftrag der christlichen Herrscher im 12. und 13. Jahrhundert in Toledo spielten Juden eine führende Rolle. Schwerpunktmäßig ging es um Übersetzungen von philosophischen, mathematischen, physikalischen, botanischen, astronomischen und medizinischen Werken, die damit für den Gebrauch an den christlichen Universitäten Europas und in Klosterbibliotheken zur Verfügung standen – ein Quantensprung für die dortigen Wissenschaften. Gleichzeitig übertrug man auch in frühe Ausprägungen des Kastilischen, Katalanischen und Galizischen.

Al-Andalus war zur Zeit der Emirate und des Kalifats multireligiös und mehrsprachig; es wurden Latein, Arabisch und Hebräisch und ein aus dem Latein fortentwickeltes Iberoromanisch gesprochen, das uns rudimentär in der Form von »Ḥarǧas«[8] schriftlich greifbar ist; regionale Alltagsvarianten kamen jeweils hinzu. Die für diese Anthologie ausgewählten jüdischen Dichter waren zumindest zweisprachig: Das Arabische verwandten sie im Alltag und für wissenschaftliche Schriften, in Hebräisch dichteten sie. Juden, die im Schiffsverkehr mit dem Orient Handel trieben, beherrschten meist auch das Griechische.[9] Das sind Indizien für ihre komplexe sprachliche Identität.

Die jüdische Bibel war in Hebräisch verfasst. In der synagogalen Liturgie wurde ausschließlich die hebräische Sprache verwandt. Gebete und religiöse Gedichte waren ebenfalls in Hebräisch verfasst. Im Alltagsleben dagegen sprachen die Juden Arabisch, in dieser Sprache schrieben sie auch ihre philosophischen und wissenschaftlichen Werke.

Einführung

Bisher hatte das Hebräische als religiöse Sprache gegolten; es war die Sprache der Bibel, des Talmud und der synagogalen Liturgie. Sie wurde aber nicht im weltlichen Bereich verwandt, war also keine Alltagssprache und keine Sprache der Wissenschaft. Das Arabische dagegen war die Sprache des Koran und des Alltags, der Wissenschaft und zugleich die der Poesie, die bereits vor Mohammed eine Hochblüte erlebt hatte. Konnte die hebräische Sprache nicht ebenso universell verwendet werden?

Es war eine sprachkulturelle Revolution im Judentum, als Dunash ben Labrat, das arabische Vorbild vor Augen, einen Wandel im Gebrauch des Hebräischen einleitete. Er war der erste, der das quantitierende System der arabischen Metrik in die hebräische Poesie einführte. Im Verbund mit anderen Erneuerern des Hebräischen wurden ebenfalls arabische Gedichtformen übernommen. Einzig auf dem Boden der Iberischen Halbinsel, nicht irgendwo sonst in der weltweiten jüdischen Diaspora, ereignete sich dieser Vorgang, der zu einer Hochblüte der säkularen Dichtung in hebräischer Sprache führte.

Diese Adaption war in der damaligen jüdischen Welt umstritten. Nicht nur jüdische Grammatiker, sondern auch orthodoxe Kräfte, die sich auf entsprechende Stellen im Talmud berufen konnten, wandten sich gegen die Verwendung des Hebräischen für weltliche, damit auch gegen eine poetische Verzweckung.[10] Es gab zahlreiche literarische und persönliche Fehden unter den jüdischen Grammatikern darüber, ob das Hebräische überhaupt für die Verwendung im weltlichen Bereich geeignet sei. Die Avantgardisten wiesen dagegen auf das »Hohe Lied« in der jüdischen Bibel hin, das für sie ein Beleg dafür war, dass das Hebräische sich sehr wohl für die poetische Darstellung weltlicher Themen eignete.

Die neue hebräische Poesie erreichte fast aus dem Stand heraus ein hohes Niveau, weil die jüdischen Dichter bei der

Renaissance ihrer Sprache einem arabischen Vorbild in fast schon manieristischer Vollendung begegneten. Sie wollten es den arabischen Dichtern aber nicht nur gleichtun, sondern das arabische Vorbild mit der kreativen Verwendung des erneuerten Bibelhebräisch unter inhaltlichem Einbezug des jüdischen Erbes sogar übertreffen.

Sofern sie nicht einen Mäzen fanden, mussten sie ihr poetisches Schaffen mit praktischen Tätigkeiten kombinieren, um ihren Lebensunterhalt zu sichern. Im Gegensatz zu fest bestallten arabischen Hofpoeten, die immer in der Gefahr standen, ihren Mäzenen zu schmeicheln, waren sie häufig zugleich Synagogendichter, die auf Bestellung von Gemeinden jüdische Religiosität in Gebeten poetisierten. Sie wurden von den Gemeinden zeitweise unterhalten und weiterempfohlen. Auf diesem Weg verbreiteten sie vermutlich gleichzeitig ihre weltlichen Lieder.

Beispielsweise war Shelomo ibn Gabirol zugleich ein anerkannter religiöser Dichter, von dem man Rechtgläubigkeit erwartete, was in seinen weltlichen Sujets nicht immer zutraf. Als Yehuda ha-Lewi zu seiner Reise nach Jerusalem aufbrach und auf der Zwischenstation in Kairo von der dortigen jüdischen Gemeinde empfangen wurde, war ihm der Ruf, ein berühmter Dichter und gefragter Talmudgelehrter zu sein, bereits vorausgeeilt. Die Akzeptanz und Hochschätzung der neuen hebräisch-säkularen Dichtungen über das Gebiet von al-Andalus hinaus dürften nicht zuletzt durch die unter Juden weit verbreitete Alphabetisierung befördert worden sein.

Übernahmen und Eigenentwicklungen

Obwohl arabische und hebräische Lyrik im Goldenen Zeitalter von al-Andalus in einzigartiger Weise ineinanderklingen, ist ihr Verhältnis sowohl von Nähe als auch von Distanz gekennzeichnet.[11]

Einführung

Die arabischen Dichter verfügten über einen reichen poetischen Schatz aus vorislamischer Zeit. Demgegenüber waren die jüdischen Dichter von al-Andalus poetische Anfänger. Sie übernahmen das poetische Repertoire und die Motivwelt einer arabischen Lyrik, die im Wesentlichen in der gesellschaftlichen Oberschicht einer höfischen Kultur verankert und im Kern ästhetisch und sinnenfreudig war. Wir können davon ausgehen, dass die jüdischen Dichter in direktem Kontakt zu ihren arabischen Dichterkollegen standen. Sie übernahm das formale Repertoire der arabischen Metrik und Strophik.[12] Zum ersten Mal wurden Vokalsystem und Silbenbau hebräischer Verse analog zum Arabischen quantitierend nach Längen und Kürzen gebildet. Ferner brachte die neue poetische Bewegung lyrische Gattungen hervor, die bisher im Hebräischen nicht bekannt waren: weltliche Natur-, Liebes-, Wein-, Freundschafts-, Lehr-, Lob- und Spottgedichte, Widmungsgedichte für hochstehende Personen und Mäzene sowie Elegien, die die politischen Zustände und die allgemeine Vergänglichkeit beklagten. Ebenfalls finden sich Jagd- und Schlachtenbeschreibungen in Gedichtform. Generell schwächten die hebräischen Dichter die oft überbordende Verwendung von Metaphern ab, die die arabische Lyrik kennzeichnet. Dafür sind die Texte der hebräischen Dichter häufig komplexer, existentieller und gebrochener. Sie gaben ihren Gedichten auch ganz neue und unvergleichliche Noten.

Während die Araber in ihrer Poesie Zitate, Ausdrücke, Metaphern und inhaltliche Anlehnungen an den Koran vermieden, wurde die neu entstehende hebräische Poesie geradezu durchwoben von Anklängen an Texte aus der Bibel. Die jüdischen Dichter verfügten sehr frei über das biblische Repertoire, sie konnten biblische Zitate als stützende inhaltliche Belege, aber auch für ganz andere, ja sogar gegenteilige Sinnzusammenhänge verwenden. Das damalige jüdische Publikum kannte natürlich die Bibel, nicht wenige konnten sie vermutlich auswendig, daher bemerkte es die offenliegenden und die versteckt eingewobenen biblischen Fäden. Dieses artistische

Spiel mit der Bibel brachte eine hebräische Lyrik mit spezifisch nuancierten Tönen und Wirkungen hervor.

Hebräische Gedichte steigen häufig tief in die Geschichte des Volkes Israel ein, vermitteln eine religiöse Weltsicht und verknüpfen sie mit aktuellen Dichterintentionen. In den Gedichten mit weltlicher Thematik wird somit eine Art Dialog mit der jüdischen Bibel geführt. Das biblische Zitat ist daher kein schmückendes Beiwerk, sondern gehört zum Wesen der neuen hebräischen Poesie.[13]

Die der arabischen Poesie vergleichbare Verwendung von tradierten poetischen Elementen und deren unermüdliche Variation (z.B. bei der Beschreibung der Schönheit der Frau oder der sehnsuchtsvoll Liebenden) waren kein Hindernis für jüdische Dichter, ihren Gedichten mit diesem poetischen Spiel eine einprägsame Wirkung zu verleihen. Denn die Originalität der arabischen wie der hebräischen Dichtung besteht gerade darin, ein den Hörern bereits bekanntes Thema bzw. Motiv immer wieder abzuwandeln, ihm eine überraschende Wendung zu geben oder es existentiell zu vertiefen. Die poetische Leistung »erfolgt nicht gegen die Tradition, sondern in und mit ihr«.[14]

Die jüdische Lyrik gleicht einem Teppich, in dem Goldfäden aus der Bibel und aus der arabischen Dichtung verwoben sind. Die gleichzeitige Übernahme der jüdisch-biblischen Tradition und der poetisch-arabischen Konvention führte nicht zu einem doppelt-schwachen Aufguss, sondern zu einem »Neuguss«[15], in dem beide Quellen eingeschmolzen sind. Das Genießen, Verstehen und Einordnen hebräischer Gedichte setzt daher im Einzelfall großes Wissen voraus – eine Herausforderung, vor die sich auch die Herausgeber dieser Anthologie gestellt sahen und der sie durch ihre Textauswahl, durch Einführungen zu den einzelnen Kapiteln und durch Anmerkungen Rechnung zu tragen versuchen.

Die Diasporasituation

Die Juden auf der Iberischen Halbinsel verstanden sich seit der Zerstörung ihres Jerusalemer Tempels und der Vertreibung durch die Römer als Vertriebene, die in der Zerstreuung (gr. διασπορά – »Diaspora«) lebten. Sie nahmen ihre Bibel und ihre religiösen Traditionen als immaterielle Heimat dorthin mit, wo auch immer sie sich niederließen. Die neue hebräische Poesie, geschrieben im »Exil« (lat. exilium – »Verbannung«, in der Fremde lebend), steht unter dem Vorzeichen des messianischen Vorbehalts. Gemeint ist damit die Erwartung der Juden auf das Kommen des Messias[16], die Hoffnung auf das Kommen des Gottesreiches, auf die Wiedererrichtung des zentralen Heiligtums und, damit verbunden, auf die Neuformierung des jüdischen Volkes in ihrer ursprünglichen Heimstatt. Das hispanische Exil unter arabischer und christlicher Herrschaft wird in diesem Sinne als Durchgangsstufe und Lebensform auf Bewährung hin gesehen, verbunden mit Gebeten, Werken der Nächstenliebe und manueller oder geistiger Arbeit. Dieses transitorische Bewusstsein ist eine alles durchwirkende Grundierung des Lebens auch der Juden in Spanien. Der Bewahrung ihrer Identität in der Fremde dienten die Pflege der biblischen Tradition in den Talmudschulen, der Bau und Erhalt von Synagogen, die Aufrechterhaltung der religiösen Praxis in der Familie und die Anlage eigener Friedhöfe.

Lieder als Gedichte

In al-Andalus waren Poesie und Musik miteinander verschmolzen. Das gilt für die arabische wie für die hebräische Dichtung. Die nachfolgend abgedruckten »Gedichte« existierten ursprünglich nicht als Texte, die still gelesen oder vorgetragen wurden. Es waren vielmehr Texte von Liedern, die in direktem Kontakt mit dem Publikum gesungen und instrumental begleitet wurden. Dichter schrieben nicht nur ihre Verse, sondern übernahmen oder komponierten eigene Melodien – vergleichbar modernen Liedermachern.

Im Gegensatz zur Überlieferung der Texte sind uns keine zeitgenössischen Notationen der Melodien überliefert. Es gibt jedoch seit Jahren in Spanien eine Reihe von Vorhaben, sephardische Musik von al-Andalus auf wissenschaftlicher Grundlage zu rekonstruieren und mit Nachbauten mittelalterlicher Instrumente wieder zu Gehör zu bringen.[17]

Zu den Übersetzungen

»Dichtung in Übertragung zu lesen, ist ähnlich wie das Küssen einer Braut durch den Schleier.« Diese Aussage des russisch-jüdischen Dichters und Journalisten Chaim Nachum Bialik[18] gilt auch für die Gedichte dieser Anthologie. Es gibt keine perfekte Übersetzung, denn jede Übersetzung eines Textes von einer Sprache in eine andere ist nur eine Annäherung an das Original. Auf die Schwierigkeit des Übertragens von poetischen Texten aus dem Hebräischen (eine semitische Sprache) ins Deutsche (eine indogermanische Sprache) haben Experten immer wieder hingewiesen.

Jeder Versuch, beispielsweise die spezifischen Möglichkeiten des Hebräischen im Deutschen nachzugestalten, muss scheitern. Typisch für hebräische Gedichte sind u.a. Suffixreime, d.h. sämtliche Verse, auch die von sehr langen Gedichten, enden mit stets gleichklingenden Silben, die wir im Deutschen als unreine Reime empfinden. Ebenfalls ist die Struktur der hebräischen Metrik nicht übertragbar, die auf dem Wechsel von langen und kurzen Silben beruht, während im Deutschen betonte und unbetonte Silben wechseln. Übersetzer gehen daher unterschiedlich vor: Einige benutzen wechselnde Reime, unterwerfen die Verszeilen einem festen Metrum, andere überlassen die Zeilen der freien Prosarhythmik oder lassen, vergleichbar dem Hebräischen, jegliche Satzzeichen weg.

Einführung

Wer das Wagnis des Übersetzens eingeht, befindet sich in einem grundsätzlichen Dilemma: Bemüht man sich um möglichst große sprachliche Treue dem Original gegenüber, wird leicht die Kernaussage des Textes verstellt. Bei unseren eigenen Übersetzungen aus dem Englischen und Spanischen ging es darum, die jeweils inhaltliche Intention der Verse ins Deutsche zu übertragen und die zentrale poetische Aussage deutlich zu machen. Auch war uns daran gelegen, unterschiedliche Hebraisten auch aus älteren Zeiten zu Wort kommen zu lassen, um damit auf ihre verdienstvollen Arbeiten hinzuweisen. Die von uns ausgewählten Gedichte tragen daher deren persönliche Handschriften.

Zur Geschichte der Juden auf der Iberischen Halbinsel

Zum generellen Verständnis und zur Einordnung der jüdisch-hebräischen Literatur ist eine ungefähre Kenntnis der Geschichte der Sepharden unverzichtbar. Nur unter Berücksichtigung der je unterschiedlichen zeitlichen und regionalen Rahmen- bzw. Herrschaftsbedingungen ist eine sachorientierte Wertschätzung ihrer literarischen Leistungen möglich.

Die Anfänge

Bereits zu biblischen Zeiten (vgl. 1 Kön 10,22), d. h. ungefähr in der Zeit der Karthager und Griechen, sollen Juden auf der Iberischen Halbinsel gelebt haben, die ab 197 v.u.Z. eine Provinz des Imperium Romanum war. Grabsteine weisen auf die Anwesenheit von Juden im ersten vorchristlichen Jahrhundert hin. Eine verstärkte Ansiedlung erfolgte nach Zerstörung des Jerusalemer Tempels und der Vertreibung der Juden im Jahre 70 u.Z. unter dem römischen Kaiser Titus und im 2. Jahrhundert nach mehreren gescheiterten Aufständen der Juden in Palästina gegen die römische Herrschaft. Wie andere Ethnien aus dem Mittelmeerraum waren auch sie in das wirtschaftliche und gesellschaftliche Leben von al-Andalus eingebunden; es gab keine verordnete Separation. In Granada, Córdoba, Sevilla, Toledo, Tarragona, Lucena und anderen Orten gab es jüdische Gemeinden. Juden gehörten zur alteingesessenen Bevölkerung von Hispanien und hatten einen geschätzten Anteil von etwa 1% an der Gesamtbevölkerung.[19]

Die Zeit der Westgoten

Ab 4./5. Jahrhundert wanderten aus Nordeuropa u.a. germanische Westgoten auf die Iberische Halbinsel ein und gründeten ein christliches Königreich mit Toledo als Hauptstadt. Mit dieser Invasion begann die religiös begründete Ausgrenzung der Juden, die nach und nach eskalierte, je mehr die zunächst arianischen Christen sich dem römisch-katholischen Bekenntnis zuwandten. Scharfe antijüdische Beschlüsse von Synoden und Konzilien im 6. und 7. Jahrhundert lassen auf jüdisches Leben in unmittelbarer Nachbarschaft zu westgotischen Christen schließen: Es wurden zahlreiche Kontaktverbote für Christen verfügt, z.B. wurden ihnen Mahlgemeinschaften und Heiraten mit Juden untersagt, sie durften kein Fleisch von geschächteten Tieren essen, Juden durften keine öffentlichen Ämter besetzen, der Besitz von hebräischen Schriften war Christen verboten, es gab vereinzelt auch Zwangstaufen und – alternativ – Ausweisungen. Die kirchlichen Oberhirten fürchteten den Einfluss der jüdischen Religion auf die eigene Bevölkerung, gab es doch Übertritte von Christen zum Judentum. Die Anwesenheit von Juden wurde als Bedrohung für Kirche und Staat gewertet. Zum Niedergang des Westgotenreiches trug auch das rigorose Vorgehen gegen die Juden bei.[20]

Einführung

Die Zeit der Omayaden

Mit der islamischen Eroberung des größten Teils der Iberischen Halbinsel ab 711 u. Z. änderte sich die Situation der Juden grundlegend. Sie begrüßten die Araber als Befreier vom westgotischen Joch. Jüdische Soldaten kämpften in der Schlacht am Rio Guadalete in der Nähe der heutigen Stadt Jerez de la Frontera Seite an Seite mit arabischen Soldaten siegreich gegen das zahlenmäßig weit überlegene Heer des westgotischen Königs Roderich.

Das eroberte Land nannten die Araber »al-Andalus«. Es war zunächst noch ein Teil des Kalifats von Damaskus. Während der Herrschaft der Omayaden (756 - 1031) konnten Juden, vergleichbar Christen, als »Schutzbürger« minderen Ranges (»Dimmis«) relativ frei leben, wenn sie bestimmte Bedingungen erfüllten, z.B. die politische Autorität des Islam anerkannten, nicht missionierten, Bekleidungsvorschriften beachteten und restriktive Bestimmungen beim Bau und der Wiederherstellung von Synagogen einhielten. Am wichtigsten waren den muslimischen Herrschern jedoch fiskalische Regelungen. Juden waren eine wichtige Einnahmequalle, denn ihnen wurde zusätzlich eine Kopfsteuer abverlangt. Dafür wurde ihnen als »Schriftbesitzern« eine weitgehende zivilrechtliche und religiöse Autonomie zugestanden.

Es gab keine Verfolgungen oder Zwangsbekehrungen von Juden zum Islam, wohl aber freiwillige Konversionen. Die drei Religionen verehrten zwar den gemeinsamen Urvater Abraham, blieben aber im innersten Kern auf gegenseitiger Distanz. Sie gaben ihren jeweiligen Wahrheitsanspruch nicht auf, und man betete getrennt in Synagogen, Moscheen und Kirchen. Es handelte sich um eine praktische »Kohabitation«[21], die sich auf kulturelle, finanzielle, wirtschaftliche und wissenschaftliche Aspekte beschränkte. Eine aufgeklärte Toleranz in neuzeitlichem Sinne gab es nicht.

Einführung

Juden unterlagen wie zu römischen Zeiten keinen Beschränkungen bei der Ausübung von Berufen und konnten Besitzer von Stadthäusern und Ländereien sein. Sie waren in al-Andalus unentbehrlich in Schlüsselpositionen der Verwaltung des Landes und leisteten in unterschiedlichen Berufen und Funktionen Beiträge für die Gestaltung des Alltagslebens. Es lässt sich eine soziale Schichtung erkennen: eine jüdische Oberschicht mit Anstellungen bei Hofe (Verwaltungsleute, Beauftragte für das Steuerwesen, Leibärzte, Berater, Archivverwalter, Kanzleivorsteher, Provinzverwalter, Diplomaten); eine mittlere (Gemeindeleiter, Ärzte, Wissenschaftler unterschiedlicher Fachgebiete, Kartographen, Lexikographen, Lehrer an Universitäten, Geldverleiher, Architekten, Hoflieferanten, Kaufleute, Handwerker in allen Berufsfeldern, Matrosen, Schiffseigner im maritimen Außenhandel, Landbesitzer, Bauern) und eine untere Bevölkerungsschicht (Lohnarbeiter, Tagelöhner, Bettler).

Die Kalifen und Herrscher der späteren Kleinkönigreiche umgaben sich mit Philosophen und Dichtern, auch jüdischen. Mithin: »Die Figur des sephardischen Juden hat nicht nur ein Gesicht, es müssten mindestens deren zwanzig sein.«[22] Nachfolgend zwei illustrative Beispiele für Juden aus der Oberschicht:

Der bereits erwähnte Chasdai ibn Schaprut war Leiter des Außenhandels des Kalifats von Córdoba und stand als Diplomat im Dienst des omayadischen Kalifen Abd ar-Rahman III. Gleichzeitig war er ein anerkannter Philosoph und Dichter, Mittelpunkt des intellektuellen Zentrums am Kalifenhof von Córdoba und Förderer der jüdischen Religion und Kultur. Ebenso gilt Shemu'el ha-Nagid (993-1056) als überragende Persönlichkeit in seiner Zeit. Er avancierte zum Wesir, d.h. zum obersten Minister, wurde erfolgreicher General des arabisch-granadinischen Heeres und leitete die jüdische Gemeinde von Granada.

Einführung

Rückt man den Aspekt des kulturellen Schaffens in den Vordergrund, so kann man nicht nur von einer historisch einzigartigen Nähe und Berührung, sondern sogar von »Verschmelzung«[23] oder »Symbiose«[24] muslimischer und jüdischer Kultur sprechen. Kulturelle Vielfalt und religiöse Traditionen wurden dabei nicht eliminiert, sondern unter Einhaltung bestimmter Regeln zu gegenseitigem Vorteil geschützt und genutzt. Obwohl dieses offene Klima nicht frei von Spannungen und Konflikten war[25], ist diese Epoche der Nährboden für die Entstehung jener Lyrik, die in dieser Publikation vorgestellt wird.

Die Zeit der Kleinkönigreiche (»Taifas«)

Als Toledo 1085 von den Christen eingenommen wurde, riefen die Omayaden-Kalifen streng islamische Berberstämme der Almoraviden und Almohaden aus Nordafrika gegen die aus dem Norden vordringenden christlichen Heere zu Hilfe. Diese bemächtigten sich selbst der Herrschaft, weil sie das hedonistische Leben von Muslimen in der Omayaden-Zeit ablehnten. Sie betrachteten z.B. die Feste der Oberschicht in den Lustgärten auf der Alhambra mit Weingenuss, Musik und Tanz als Abfall vom Islam. Sie plünderten und brandschatzten Córdoba, die damalige Kulturhauptstadt Europas, und zerstörten die nahe von Córdoba gelegene Palaststadt Madīnat az-Zahrāʾ. Sie führten einen »Heiligen Krieg« (»Dschihad«) gegen Christen wie Juden. Letztere flüchteten aus den südlichen Teilen der Pyrenäenhalbinsel in Richtung Norden, der unter christlicher Herrschaft stand. Insbesondere schlossen sich Intellektuelle, Künstler und Dichter dieser Binnenwanderung ins Exil an, so auch die Dichter Shelomo ibn Gabirol, Moshe ibn Ezra und Yehuda ha-Lewi.

Nunmehr ohne Zentralmacht und politische Einheit, zerfiel al-Andalus in zahlreiche muslimisch-arabische Kleinkönigreiche, die miteinander konkurrierten, z.B. auf den Gebieten der Künste, Literatur und Wissenschaften. Kulturell kam es zu keinem Niedergang, sondern im Gegenteil zu einer Fortsetzung der bisherigen Blüte, die allerdings wegen der jeweils nur beschränkt zur Verfügung stehenden Mittel nicht an den Glanz von Córdoba heranreichen konnte. Diese muslimischen Kleinherrscher tolerierten wie vordem die Juden, die ihren Schutzstatus behielten. Man bediente sich weiterhin ihrer anerkannten Tüchtigkeit in unterschiedlichen Lebensbereichen, zumal sie als neutrale und grundsätzlich friedliche Bevölkerungsgruppe galten.

Unter christlicher Herrschaft – Die »Reconquista«

Die »Rückeroberung« der von muslimischen Herrschen regierten Gebiete ging vom Norden der Iberischen Halbinsel aus und dauerte mehrere Jahrhunderte. Die christlichen Herrscher waren nicht von Anfang an juden- und islamfeindlich. Juden und Muslime unterlagen vergleichbaren Einschränkungen, sie waren den christlichen Herrschern tributpflichtig. Kirchliche Würdenträger und weltliche Herrscher bedienten sich der Juden und Muslime zu eigenem Nutzen. So initiierte der toledaner Bischof Don Raymondo (1130 - 1187) die erste interkulturelle Phase von Übersetzungen antiker Werke aus dem Griechischen und Arabischen ins Lateinische und Kastilische. König Alfons X. (1252 - 1284), der Weise genannt, setzte diese Übersetzungsarbeit mit Hilfe von Juden systematisch fort. Jetzt erst konnte das intellektuelle Europa umfassend Kenntnis von den großen Werken der griechischen Antike nehmen.

Für Juden gab es im Windschatten der Reconquista phasenweise ein relativ friedliches, rechtlich geordnetes Zusammenleben, die sog.»convivencia«. Solange sich alle Parteien nicht dogmatisch, fanatisch und habgierig zeigten, konnte man gemeinsame künstlerische, technische, wissenschaftliche und ökonomische Vorhaben realisieren. Muslime wie Juden waren Untertanen der christlichen Könige. Man benötigte sie, damit ihre Reiche prosperierten, deshalb wurden sie wirtschaftlich integriert. Die Tötung von Juden galt als Majestätsbeleidigung und wurde bestraft.

Juden zahlten zu den ihnen auferlegten Steuern häufig freiwillig bedeutende Summen für soziale Zwecke an ihren jeweiligen Orten, vermutlich auch mit der Nebenabsicht, die ihnen gestattete Religionsausübung und zivilrechtliche Autonomie zu sichern. Zahlreiche christliche Adelige heirateten konvertierte Jüdinnen, die für sich und ihre Familien auf diese Weise gesellschaftliche Anerkennung und einen sozialen Aufstieg erhofften. So kam es auf unterschiedlichen Wegen zu einer engen Verflechtung mit der nichtjüdischen Gesellschaft. Bezeichnend für den Geist der damaligen Zeit gemeinsamen Aufbruchs ist in der Kathedrale von Sevilla das Grabmal des 1252 gestorbenen christlichen Königs Ferdinand III.; es trägt Inschriften in Latein, Kastilisch, Arabisch und Hebräisch.

Um einer unhistorischen Verklärung des spanischen Mittelalters im Sinne einer »convivencia ideal« vorzubeugen, der im Begriff des »Goldenen Zeitalters von al-Andalus« häufig mitschwingt, muss auch das friedliche Wechselverhältnis zwischen Juden, Christen und Muslimen je nach Ausgangslage und Umständen als potentiell gefährdet bezeichnet werden.

Die Geschichte der Juden in Spanien darf weder auf eine tränenreiche Verfolgungsgeschichte – Heinrich Heine spricht von der »Schmerzenskarawane Israels in der Wüste des Exils«[26] – noch auf ein generell friedliches Zusammenleben reduziert werden. Bei aller Betonung der Vorbildfunktion des multireligiösen und multiethnischen spanischen Mittelalters und einer praktisch-utilitaristischen Toleranz gab es für Juden vor allem in Krisenzeiten und bei gesellschaftlichen Konflikten gleichzeitig auch Phasen lokaler Diskriminierungen, Erpressungen, falscher Beschuldigungen, Repressionen und Gewalt selbst gegen jene Juden, die es zu großem gesellschaftlichen Ansehen gebracht hatten.

Ein bezeichnendes Beispiel für diese Gleichzeitigkeit finden wir in der Person des kastilischen Königs Alfons X. Einerseits garantierte er den Juden ungestörte Religionsausübung; sie durften z. B. nicht mit Gewalt zur Konversion gezwungen werden. Andererseits finden sich in der von ihm veranlassten und aufwändig gestalteten Sammlung der »Cantigas de Santa Maria« zahlreiche Verse mit den typischen negativen Stereotypen, mit denen man die Juden damals markierte.

Das Ende des »Goldenen Zeitalters«

Je weiter die Reconquista fortschritt, desto stärker nahm der antijüdische Druck zu. Im letzten Jahrzehnt des 14. Jahrhunderts gab es in christlichen Herrschaftsbereichen massenhafte Zwangstaufen. Viele Juden pflegten dennoch im Geheimen ihre jüdischen Traditionen weiter. Zehntausende getaufter Juden, sog. »conversos«, wurden wegen vorgetäuschter Bekehrung angeklagt, gefoltert und verurteilt, Tausende auf Scheiterhaufen öffentlich verbrannt.[27] Nach Beendigung der Reconquista setzte sich der grausame Kampf um die tatsächliche Echtheit des Glaubens getaufter Juden fort, denn »Alt-« und »Neuchristen« hatten sich durchmischt. Es war ein letztlich unlösbares Problem entstanden, das dennoch zu lösen die 1478 gegründete Inquisition sich vornahm.

Ohne an dieser Stelle auf die dann folgenden und zutiefst tragischen Geschehnisse näher einzugehen[28], kann zusammenfassend gesagt werden: Fanatisch-militante Christen unter besonderer Beteiligung von Mönchs- und Ritterorden, Bischöfen, Großinquisitoren und schließlich – nach der Beendigung der Reconquista – auch die christlichen Könige waren aus religiösen, politischen und wirtschaftlichen Gründen an der Zerstörung der mehrhundertjährigen kulturellen Symbiose von al-Andalus ursächlich beteiligt. Dominanzstreben und Triumphalismus christlicher Herrscher löschten die Idee und Realität der »Convivencia« aus. Die geographische, politische, kulturelle und gesellschaftliche Einheit Spaniens sollte durch die Einheit im Glauben vollendet werden.

Auf der Grundlage des Alhambra-Edikts vom 31. März 1492 wurden alle Juden aus den Ländern der spanischen Krone vertrieben, sofern sie nicht zum Christentum konvertierten. Die hebräische Sprache in Wort und Schrift wurde verboten, der Besitz hebräischer Bücher unter Strafe gestellt. Damit waren die Geschichte und Kultur der Sepharden auf der Iberischen Halbinsel nach mehr als 1500 Jahren beendet. Dieser Vorgang erwies sich als gravierender Aderlass mit langfristigen wirtschaftlichen, wissenschaftlichen, kulturellen, politischen und gesellschaftlichen Auswirkungen auf den Mittelmeerraum und darüber hinaus auf ganz Europa.

Das Erbe der Sepharden in Spanien

Heute gehören die Sepharden zur »Familia Hispanidad«. Ihr Erbe wird von staatlicher Seite gefördert. Die jahrhundertelange Präsenz der Juden wird – beispielsweise – in Barcelona[29], Girona[30], Madrid[31], Sevilla[32] und Toledo[33] gepflegt. Das Alhambra-Edikt wurde nach 500 Jahren vom spanischen König Juan Carlos am 31. März 1992 außer Kraft gesetzt. Seitdem können Nachkommen der Sepharden, »españoles sin patria« – »Spanier ohne Heimat«, zusätzlich die spanische Staatsbürgerschaft erwerben.

הארץ אוהבת את פני השמיים

Natur

*»Die Erde liebt
des Himmels Antlitz«*

Natur

Über viele Jahrhunderte hindurch galt Spanien den jüdischen Einwohnern als eine Art Abglanz des »Gelobtes Landes«. Sie lebten in einer vielfältigen Kulturlandschaft mit einem ozeanisch beeinflussten Klima im Westen, fruchtbaren Regionen im Inland, in den Flusslandschaften und an Küsten im Osten. Man muss berücksichtigen, dass zur damaligen Zeit die Gebirgsregionen der Iberischen Halbinsel weitgehend bewaldet waren!

Die Juden priesen dieses Land auf dem speziellen Hintergrund ihrer in der Bibel überlieferten Wüstenerfahrung; demnach hatte das Volk Israel 40 Jahre lang als Strafe für seinen Zweifel an der Güte Jahwes nach der Errettung aus der Versklavung in Ägypten durch die Wüste wandern müssen (Ex 15,22ff). Am jährlichen Sukkot-Fest (»Laubhüttenfest«) im Herbst wird bis heute diese Wüsten-Vergangenheit kultisch in Erinnerung gebracht.

In hebräischen Naturgedichten wird vor allem der Frühling gefeiert, seine Ankunft im Garten, die Blütenpracht, der Duft der Myrte. Der Garten gilt als begrenztes irdisches Paradies, abgerungen der ungezähmten Natur, kultiviert und unter beständigen Mühen erhalten. Er ist der reale wie symbolische Ort der Lebensfreude. Zahlreich sind Metaphern und Vergleiche. So wird der ankommende Frühling mit einer Braut verglichen, die sich täglich für den Geliebten schmückt. Die Erde legt sich wie ein Mensch prächtige Gewänder an, der Garten schmückt sich mit Preziosen. Die Blumen sind Sterne, dem Himmel entwendet.

Durchgehend finden sich solche poetischen Personifikationen. Der Garten kann sogar lachen, die Wolke weinen (*»Die Gartenbraut«*), der Winter einen Brief schreiben. Eine prominente Stellung nimmt die Rose ein, die als Königin dem Frühling voranschreitet. Insbesondere blühende Myrten können Duftbotschaften an entfernte Geliebte senden (*»Tautropfen auf dem Myrtengarten«*). Die mehrfache Metaphorisierung

Natur

kann gelegentlich zu einer gewagten poetischen Szenerie führen (*»Des Himmels Sterne«*).

Die Garten-Natur ist in einem eingehegten Bereich geschützt, für den Menschen aber stets offen. Sie lädt ein zum Schauen (Farben), Fühlen (Wind), Riechen (Düfte) und Hören (Vogelgesang), zur Begegnung mit Freunden, zum Lustwandeln und Weingenuss (*»Einladung zum Bankett«*). Doch auch Aspekte der wilden und bedrohlichen Natur sind nicht ausgespart (*»Morgenwolken im Winter«*, *»Seesturm«*).

Im Unterschied zu arabischen Dichtern vertiefen die hebräischen die Natur vielfältig ins Seelische und Religiöse. Darauf weisen die deutlichen Bezüge auf die Bibel hin (*»Tautropfen auf dem Myrtengarten«*, *»Des Himmels Sterne«*). Nicht die sich jährlich erneuernde Natur schickt dem Garten den fruchtbaren Regen und der Sonne ihren täglichen Glanz, sondern Gott als der Erhalter des Kosmos. Der Untergang der Sonne gleicht einer Verneigung vor dem Schöpfer (*»Der Sonne Gang«*). Das Erlebnis eines lebensbedrohlichen Sturms im Mittelmeer, der sich poetisch in dynamischen Metaphern austobt, endet in einem Bittgebet (*»Seesturm«*).

Die Natur trägt ein Doppelgesicht: Sie kann ein Ort des Friedens sein, aber auch ein Ort der Unwirtlichkeit und Lebensbedrohung. Während Shelomo ibn Gabirol einerseits den Bogen von windgepeitschten Regenwolken hin zum Aufkeimen neuen Lebens beschreiben kann (*»Morgenwolken im Winter«*), vermag er andererseits eine zunächst romantisch beginnende Mondnacht in die Beschreibung menschlicher Verlassenheit und Gottesferne einmünden zu lassen (*»Mondnacht«*). Eine solche existentielle Vertiefung eines Naturerlebens dürfte in der damaligen arabischen wie jüdischen Dichtung einzigartig sein.

Natur

Die Gartenbraut

Die Erde, neugeboren wie ein Kind,
   saugt Winterregen aus der Wolke.
Die Erde gleicht der Braut,
   die sich sehnt nach des Geliebten Ankunft,
der im Frühling mit Liebesbbalsam
   ihr Herz und ihre Seele heilt.
Die Blütenkelche öffnen sich
   im Rot von Edelsteinen und Früchten von Granat.
Sie gleichen den bunt bestickten
   Kleidern einer eitlen Maid,
die stolz verwöhnt an jedem Tag
   ein neues Festgewand sich umlegt.
Die Blumen blühen wie ein Wunder,
   als hätt' die Erde Gottes Sterne
insgeheim vom Himmelszelt gestohln
   und ausgestreut im Garten,
der lacht, denn kühle Tränen lässt
   die Wolke wie Edelsteine niederperlen.
Mit Weinpokalen wandeln wir im Schatten,
   freuen uns am Vogelsang,
der aus den Blättern dringt, als sängen
   Sklavenmädchen hinter einem Schirm.
Die Myrtenzweige strecken sich
   und Palmzweige klatschen zum Gesang.
Der Morgenwind wiegt spielerisch die Myrte,
   trägt ihren sehnsuchtsvollen Duft
der weit entfernten Liebsten zu.
   Mein Herz verlangt,
in diesem Duft sie zu umarmen.[34]

Yehuda ha-Lewi

Natur

Tautropfen auf dem Myrtengarten

Morgensonne, du leuchtest wie ein Edelstein,
   zum Garten schick die Wolke. Sie darf erst weichen,
wenn alle Düfte hoch zum Himmel steigen.
   Morgensonne, verschwende deine Strahlen,
die Myrrhen müssen reifen bis zum Überfluss.
   Wolke, bleib, der Garten harrt voll Durstverlangen.
Versprüh den Tau wie Aaron, der den Altar besprengte*
   und färb' die Blumen weiß und scharlachrot.
Bald wird das Myrrhenbeet die Botschaft senden:
   »Der Garten ist erfasst von Fieber und von Gelbsucht!«[35]

Shelomo ibn Gabirol

* Vgl. Levitikus 9,12.

Des Himmels Sterne

Seht, der Winter schrieb mit seines Regens Tinte,
   seiner Blitze Federkiele und der Hand der Wolken
in Blau und Purpur einen Brief
   und überbot die göttlich inspirierte Kunst von Bezalél*.

Und die Erde? Glühend liebte sie des Himmels Antlitz
   und stickte seine Sterne in die Beete ihrer Gärten.[37]

Shelomo ibn Gabirol

* Kunsthandwerker, der nach biblischer Überlieferung während der Wüstenwanderung der Israeliten für das Zeltheiligtum Gegenstände aus Gold und Silber, Schnitzereien, Teppiche und kostbar gefärbte Stoffe herstellte; vgl. Ex 35,30ff.

Natur

Einladung zum Bankett

Siehe, wie die Vögel sich versammeln
   und im Laube singen, niemand hat sie das gelehrt.
Wie kannst du ihre Stimmen hören
   und trinkst und freust dich nicht, mein Freund?
Welch eine Schönheit! Der Frühling hat verjüngt
   die Zweige und die Blumen, die im Garten blühen!
Streicht über sie der Wind, wie Plappermäuler
   neigen sie sich zueinander.[36]

Shelomo ibn Gabirol

Der Sonne Gang

Der Regen fror zu Eis, Gott ließ es wieder tauen.
   Bald ranken neue Reben, bald strömt mir zu der junge Wein.
Der Garten lebt, er öffnet der Narzissen Blütenkelche
   und schickt von weitem Myrrhenduft, wenn wir uns nahn.
Und trittst du ein, so schenkt er jede Blume, die du wünschst,
   und gibt dir Flügel, dass du sie nicht zertrittst.
Der Sonne Antlitz gleicht dem einer Braut,
   geschmückt durch ihre Schönheit, strahlt sie.
Die Sonne eilt durch Zeiten und durch Himmelssphären,
   doch niemand drängt und schlägt sie in die Flucht.
Dem gold'nen Wagen eines Königs ähnelt sie,
   der seine Pferde laufen, ja, fast fliegen lässt.
Frühmorgens scheint aus Silber sie geschaffen,
   doch überzieht den Garten sie mit reinem Gold.
Neigt sich der Tag, sie taucht in goldnes Gelb den Garten.
   Beim Untergehn verneigt sie sich,
und wirft vor ihrem Schöpfer sich zur Erde nieder,
   der sie umhüllt mit einem Lichtgewand aus Purpur.[38]

Shelomo ibn Gabirol

Natur

Sonnenuntergang

Die Sonne legt ein Brautgewand aus Licht sich um.
 Sie strahlt ununterbrochen, Gott, in Deinem Glanz.
Am Saumesrand im Westen endet ihre Himmelsbahn,
 um vor dem Thron der Herrlichkeiten sich zu neigen.
Sie dient Dir jeden Tag und wird zur Fürstin.
 Jeder wird erhoben, der Deinem Antlitz huldigt.
Wer sich Dir hingibt Tag für Tag,
 mit Deiner Herrlichkeit umhüllst Du ihn.[39]

Shelomo ibn Gabirol

Morgenwolken im Winter

Wie Stiere brüllten hohe Wolkentürme,
 in ihnen wütete des Winters Grimm,
Wie sturmgepeitschte Masten, wenn in Not
 der Kapitän die Hörner blasen lässt.
Nebel verdüsterte des Himmels Antlitz,
 des Morgensternes Glänzen blich hinweg.
Auf Sonnenschwingen senkten sich die Wolken;
 sie platzten auf und spalteten die Erde.
Wie standen sie so schwer ihr gegenüber,
 und waren doch wie Adler leicht geflogen!
Streifen von Regen hämmerte der Wind;
 die Wolke riss in Fetzen bis zum Grund
und kämpfte Mann für Mann den Acker nieder,
 bereitend so die Furchen für die Saat.
Da trat der Berge lang verborgne Ernte
 zutage, wohlbehütetes Geheimnis:
Des Winters Wolken weinten, bis die Bäume
 des toten Feldes neu zum Leben keimten.[40]

Shelomo ibn Gabirol

Natur

Seesturm*

Wie donnernde Räder rasen die Wogen
in mächtigem Sturz übers brausende Meer,
es finstert der Himmel, von Wolken umzogen,
es schäumen die Fluten dahin und daher.
Da hebt sich der Abgrund und steigt in die Lüfte,
sein Brüllen bis hoch an die Wolken hallt.
Es kochen die Tiefen, es schreien die Grüfte,
und keiner bändigt die tolle Gewalt.

Es sinken die Helden! Die Stürme zerjagen
zu Bergen und Tälern den donnernden Schlund:
turmhoch das Schiff in die Lüfte getragen,
saust es hinab in den gähnenden Grund.

Da suchen die Augen nach Schiffern und Knechten –
o schweige mir, Herz, und hoffe auf Ihn,
der einst uns an Moses gewaltiger Rechten
durch Schlünde des Meeres ließ ruhevoll ziehn**.

So ruf' ich Ihn an, den Herrn aller Herren
und fürchte nur eins: meiner Sünden Gewalt.
Ach, wenn sie nur jetzt nicht den Weg mir versperren,
nur jetzt nicht mein Jammern, mein Flehen verhallt![41]

Yehuda ha-Lewi

* Geschrieben auf der Schiffsfahrt von Spanien nach Palästina.
** Vgl. Ex 15,21ff: Errettung der Israeliten beim Zug durch das Rote Meer.

Natur

Mondnacht

Es war Nacht. Der Mond, rein wie ein Herz,
 warf seinen Glanz ins grenzenlose Firmament.
Er führte einst mich auf dem Wege der Erkenntnis
 und lehrte mich das Denken, Führen, Fliegen.
Doch Unheil ahnte ich bei dieses Mondes Licht,
 gleich einem Vater, der sich um seinen Erstgebor'nen sorgt.
Der Wind zog Segel auf aus Wolkentüchern,
 des Mondes Antlitz wurde fahl wie Asche.
Von Lust getrieben, presste Sturm die Wolken aus,
 und sie begannen, in Strömen sich herab zu weinen.
Der Himmel schwärzte sich, der Mond glich einem Toten,
 die Wolken glichen dem Leichentuch auf einem Grab.
Aus Finsternissen legte die Nacht sich eine Rüstung an,
 speerdurchbohrt von Donnerschlägen.
Blitze fuhren zischend durch den Raum,
 im Tanz verspottend die längst zerriss'ne Nacht.
Der Aufstieg meines Herzens, meine Gottessehnsucht,
 sie wurden durchgepresst, als würde ich gekeltert.
Die Wolken hegten Feindschaft gegen mich,
 verweigerten Erleuchtung mir durch der Gestirne Licht.
Nicht länger warten wollte ich und hoffen auf den Mond,
 ich blickte in ein Herz aus Finsternis.[42]

Shelomo ibn Gabirol

הוא נושק ונושך, מחלה ומרפא

Wein

»Er küsst und beißt,
macht krank
und wieder heil«

Wein

Der Genuss von Wein war in Zeiten der »tres culturas« in der gesamten Bevölkerung populär, obgleich es zwischen den Religionen Unterschiede gab. Christen z.B. hatten keine grundsätzlichen Vorbehalte gegen den Konsum von Wein, es sei denn, er führte zur Betrunkenheit. In der sakramentalen Liturgie hatte der Wein bei der Messfeier eine unverzichtbare Funktion.

Bei liberalen Muslimen gab es eine pragmatisch-reservierte, in orthodoxen Richtungen eine ablehnende Haltung zum Wein- und Alkoholgenuss, auch wenn aus dem Koran kein absolutes Verbot abgeleitet werden konnte. Letztlich waren es die jeweiligen Kalifen, die darüber in ihrem Herrschaftsgebiet bestimmten.

Juden waren und sind Freunde des Weins und besitzen eine ausgesprochene Trinkkultur. Zu ihren besten Zeiten waren sie auf der Iberischen Halbinsel Weinbergbesitzer, Winzer und Weinhändler. Weinherstellung und Weinhandel waren bedeutende jüdische Berufszweige.

In der jüdischen Tradition wird die Würde des Weins und des Weingenusses betont. Noah gilt als der erste Weinbauer. Seine erste Traubenernte nach der Großen Flut wird als Symbol der Versöhnung von Gott und Mensch gedeutet. Im Jerusalemer Tempel wurden neben Speise- und Brandopfern auch Trankopfer in Form von Weinopfern dargebracht. Jüdische Feste werden bis heute durch den Genuss von Wein begleitet wie »Pessach« (Erinnerung an den Auszug der Israeliten aus Ägypten), »Purim« (Erinnerung an die Errettung der Juden vor der Vernichtung durch die Perser), Beschneidungen oder Hochzeiten. Wein gehört zum wöchentlichen Sabbat-Ritual in den Familien, über ihn wird der Segen gesprochen. Ein kontrollierter Weinrausch in einer feiernden jüdischen Gesellschaft ist erwünscht, denn er kann auch zur Selbsterkenntnis beitragen: »Wer bin ich wirklich?«, denn Wein vermag Gedanken freizusetzen und die Zunge zu lösen.

Wein

Die jüdischen Weingedichte spiegeln Alltagserfahrungen im Umgang mit Wein wider, z. B. den Weingenuss als Ausdruck der Lebensfreude und der Freude über die erblühende Natur nach der Winterzeit (»*Einladung in den Garten*«, »*Der Frühlingswein*«). Die Wirkung des Weins hilft dabei, sich über die Tristesse des Lebens, über Demütigungen und Existenzängste, über die Trennung vom Geliebten, den Verlust der Jugend oder die Beschwerden des Alters hinwegzutrösten (»*Der Wein, die Musik und das Schicksal*«, »*Feiern und Fürchten*«). Die jüdischen Weingedichte sind Ausdruck eines selbstverständlichen Umgangs mit Alkohol, teilweise auch eines anspruchsvollen Lebensstils. Gleichwohl werden zuweilen auch ganz andere Töne angeschlagen. Die Feier des Weins wird insbesondere bei Moshe ibn Ezra häufig mit Klagen z.B. über das eigene Schicksal, die Verfolgungen des jüdischen Volkes oder gar die universelle Vergänglichkeit (»*Der Frühlingswein*«) verbunden.

Eine Reihe der hier präsentierten Gedichte setzt eine bestimmte Trinksituation voraus. Unter Juden wie Muslimen vergnügte man sich auf besonderen Weinfesten, die in einfacher Form, aber auch in großer Opulenz durchgeführt werden konnten. Sie dienten vor allem der Pflege von Freundschaften unter Männern. Man trank Wein erst nach dem Gastmahl. Die Teilnehmer lagerten auf Kissen. Zum Wein wurde Wasser gereicht, auch um den Gaumen zu neutralisieren und damit den Weingenuss zu steigern. Es bedienten Knaben oder Mädchen, die den Weinpokal darboten, der durch die Teilnehmer weitergereicht wurde.

Bevorzugte Orte dieser Feste waren wegen des meist milden bis heißen Klimas Gärten, Patios oder Flussufer. Daher spielt in Weingedichten die Naturszenerie eine atmosphärisch wichtige Rolle. Man trank und feierte bis zum Tagesanbruch, zuweilen sogar bis weit in den Tag hinein (»*Bei Tag und Nacht*«, »*Der Frühlingswein*«. Erstrebenswert war ein beherrschter, angenehmer Dauerzustand in der Abfolge von Wachsein und Einschlafen, Aufwachen und Weitertrinken.

Wein

Professionelle Musiker, Sängerinnen und Tänzerinnen sorgten, wenn die finanziellen Mittel es zuließen, für ein kultiviertes Ambiente (*»Weinfest auf der Alhambra«*, *»Der Wein, die Musik und das Schicksal«*). Die Teilnehmer trugen dazu aber auch bei z. B. durch eigene Lieder. Das Lob der besonderen Qualität des Weines gehörte zum Trinkritual, in dem sein Alter, seine Farbe, sein Funkeln, sein Duft oder die Wirkung auf die Trinkenden hervorgehoben wurden.

Solche Weinfeste, der arabischen Kultur entlehnt, erregten Kritik in den jüdischen Gemeinden: Bestand bei der Gewöhnung an diese Festpraxis nicht die Gefahr, die religiöse Orientierung zu verlieren? Dieser Widerspruch begleitete untergründig das gelobte gute Leben der Juden in al-Andalus und dürfte der jüdischen Zuhörerschaft dieser Gedichte sehr wohl bewusst gewesen sein (vgl. im Kapitel »Exil« das Gedicht *»Fest im Exil«*). Entschuldigungen gehen z. B. dahin, der Genuss von Wein dürfe nur mit »reinem« Gewissen erfolgen, d.h. wenn man ein moralisch einwandfreies Leben führt (*»Feiern und Fürchten«*).

Trotz solcher Bedenken zeigt sich in den Weingedichten eine gewisse Unbekümmertheit im Umgang mit Wein (*»Leicht«*, *»Gold für Silber«*, *»Edens Freuden«*), im Einzelfall auch eine humoristisch-satirische Seite, wenn z. B. der Gastgeber verspottet wird, dem der Wein ausgegangen ist (*»Quak Wasser«*). Der Wunsch nach einem nichtrituellen Begräbnis im Weinberg (*»Begrab' mich im Weinberg«*) dürfte bei allem darin zum Ausdruck kommenden Überschwang bei gläubigen Zeitgenossen Anstoß erregt haben, denn bis heute ist die ungestörte Totenruhe für Juden eng mit der Hoffnung auf Auferstehung verbunden.

Wein

Einladung in den Garten

Freunde, seht, der harte Winter ist vergangen,
  gekommen sind die Frühlingstage.
In unsrem Lande turteln Tauben,
  einander lockend in den höchsten Zweigen.
Ihr kennt den festen Bund der Freundschaft,
  zögert nicht und eilt in meinen Garten,
wo die Myrrhen duften und die Lilien prangen.
  Lauscht dem Jubellied der Schwalben,
trinkt roten Wein inmitten Blumenbeeten,
  Wein, wie blut'ge Tränen über ferne Freunde,
Wein, wie Schamesröte auf den Wangen Liebender.[43]

Shemu'el ha-Nagid

Der Frühlingswein

Wie Schatten floh die kalte Zeit, der Regen
  ist schon mit Ross und Wagen abgezogen.
Die Sonne ist im Widder angelangt
  in ihrem Kreis, ein König mit Gefolge.
Die Höhen setzen Blumenkappen auf,
  die Ebne legt ein Grasgewand sich an,
und alles sendet seine Düfte aus,
  die Wintertage werden tief versteckt.
So reich den Kelch, der Freude herrschen lässt
  und mir den Kummer aus dem Herzen bannt,
und lösch des Kelches Brand mit meinen Tränen,
  des Weines Feuerglut, die in ihm lodert!
Fürchte die Zeit, denn ihre Gaben sind
  wie Schlangengift, mit Honigsaft versüßt:
Am Morgen lockt sie dich mit ihren Reizen,
  doch sei am Abend ihres Trugs gewärtig.

Wein

So trinke, bis der Tag sich neigt, die Sonne
  mit Rotgold seinen Silberglanz verhüllt,
und trinke, bis die schwarze Nacht entflieht
  und Frührot sich an ihre Fersen heftet![44]

                              Moshe ibn Ezra

Der Wein, die Musik und das Schicksal

Des Feuers Flammen hat kein Hauch entzündet,
  sie glühn von selbst im Eiskristall der Kelche.
Wie können ihr Gesetz die Elemente
  so überschreiten, dass sie sich vereinen?
Rot schäumt der Wein und steht doch still, wie ein
  Rubin, in den Pokalen weiß wie Milch.
Der Gläser Kehlen schmückt aus Edelstein
  ein Halsband, doch es schmilzt sogleich dahin.
Es flammt sein Zorn, es lodert seine Wut,
  doch sänftigt Wasser ihn mit mildem Wort.
Er küsst und beißt, macht krank und wieder heil:
  sein falsches Ränkespiel erfreut die Menschen.
Giganten straucheln, hingemetzelt von
  dem Kind der Rebe, doch sie sterben nicht.
Er schlägt sie, doch sie leiden nicht; er stößt zu –
  sie achtens nicht, erheben sich und jauchzen,
denn süß sind Wunden von geliebten Händen,
  verzeihbar Sünden ohne bösen Sinn.
Der bittre Wein versüßt die Bitternis
  und lässt den Irrenden die Nacht vergessen.
Bedürftge macht er ohne Gaben reich,
  beseitigt ohne Geld der Armut Makel.
Sein Anblick lässt Enthaltsamkeitsgelübde
  bei allen schmelzen, und sie schwinden hin.
Von Zimt durchduftet ist der Trunknen Hauch,
  kostbares Puder parfümiert die Hände.

Wein

Sie trinken, und was übrig bleibt, wird Öl,
  womit sie zum Genuss das Haupt sich salben.
Gott tränkt den Rebenstock mit seinem Regen
  voll Kraft, dass seine Zweige üppig sprießen.
Des Menschen Freude lässt er lange währen,
  wenn sonst das Glück von kurzer Dauer ist.
Der Leidgebeugten Klage lässt er schweigen,
  und laut ertönt der Frohen Jubelruf:
»Des Weines Glanz erleuchte meine Augen!
  Ruf seinen Namen, dass mein Ohr sich öffne!
Sein Griff ist lieblich meiner Hand und süß
  dem Mund, die Nase füllt der Myrrhenduft.«
Der Freundeskreis, er gleicht dem Firmament,
  an dem die Sternenkelche funkelnd kreisen;
wenn sie zum Mund sie führen, weiterreichen,
  sind Händ und Wangen ganz in Gold getaucht.
Wie schwer die leeren Kelche! Doch gefüllt
  fliegen sie vogelleicht den Mündern zu.
Die Seele macht den Leib des Menschen leicht,
  doch sinkt er schwer zu Boden ohne sie.
Mein Herz ist hoch erhaben wie mein Kelch,
  wenn vor ihm tief der Weinkrug sich verneigt.
Lasst, Brüder, uns den Silberbach besingen,
  stoßen wir auf die grünen Auen an!
Der Winter ist vergangen – Balsambäume
  erstrahlen, Myrtenblüten knospen auf.
So lagert euch im Schatten hoher Wipfel,
  auf Lilien, die der Wind im Garten streute.
Die Blumenbeete atmen schweren Duft,
  und sie verströmen ihn im Abendhauch.
Ein jeder Vogel singt nach seiner Art,
  von allen Seiten tönt ihr Lobgesang.

Komm, Sänger, her! Beschirme meinen Sinn
  vom Kummer, lass mein Leid wie Schatten fliehn!
Die Harfe gleicht dem Fuß, der ohne Bein
  der Hüfte anhängt ohne Übergang.

Wein

Es hüpft mein Herz im Rhythmus ihrer Saiten,
    wenn zwischen Ruh und Schwingung sie pulsieren,
und ich bewundre seiner Hände Nachklang,
    wenn sie im Takt auf ihren Saiten tanzen.
Sie richten todeskranke Menschen auf
    und bringen Freude den verstörten Seelen.
Dem Takt und Metrum folgen Spiel und Stimme,
    genauer Wahrheitsprobe unterworfen.
Geschlossen ist des Dunkels Tor, doch offen
    steht das Himmelsheim den eingeweihten Augen.
Sie steigen zu dem Reich der Seelen auf,
    den Wasserstrom des Ruhms durchqueren sie.
Rein wird ihr Sinn, dass bald man sagen kann:
    Der Geist von Gottes Dienern ruht auf ihnen.

Der Harfe und der Flöte Spiel erquickt
    das Leiden, bringt dem Weinen Linderung.
Wär da nicht mein Schmerz – ach! meine Brüder
    sind tot, und meine Freunde sind verstoßen.
Nur Tränen sind mein Teil und meine Waffe,
    auch wenn mein Innerstes sie zum Erglühen bringt.
Mein Auge quillt von Tränen ohne Ende
    in meinen Tagen, die wie gestern flohn.
Sie sind verflogen, rotgefärbt vom Wasser,
    Träne von Herz und Auge trübt sie ein.
Ich bat die Tränen sich zurückzuhalten,
    ermahnte sie, doch sie gehorchten nicht.
Kraftlos befällt mich Hoffnungslosigkeit,
    doch traue ich dem Denken in der Stille.
Der Sonne meiner Jugend traur ich nach,
    dem Himmel des erfüllten Mannesalters.
Das Leben trog mich, brach den Liebesbund,
    verstieß mich mehr als alle andren Menschen.
Nie welkt das Laub des Baumes der Verbannung*:
    Am Tränenstrom ist er gepflanzt wie Weiden!
Wie fern sind die vertrauten Freunde – glänzend
    steht vor mir auf ihr Bild und will nicht weichen.

Wein

Sie salben mir die Wunden des Exils
 im Traum, mit ihrer Hände Balsamduft.
Wenn sie mit ihren Zelten hierher ziehn,
 will ich im Liebeszelt bei ihnen wohnen.
Doch soll ich mit dem Schicksal hadern? Nein!
 Denn Schuld hat übler Menschen Sinn und Trachten!
Des Fremden Rebenspross gedeiht und blüht
 an einem Ort, wo er gepflanzt nicht war.
Sie stürzen sich auf Reichtum, ohne Rücksicht
 auf die Verderbtheit ihrer bösen Taten.
Gegen mein Leben ist mein Zorn entbrannt,
 ein Feuer, angefacht von jenen Toren,
bei deren Anblick sich mein Herz verkrampft,
 obwohl dem uferlosen Meer es gleicht.
Ich lass sie über mich ihr Maul zerreißen –
 sie bellen nur den Glanz des Mondes an!
Wie könnten sie mein Denken je begreifen,
 das hoch im Kampf zu den Pleiaden steigt?
Des Himmels Heere weinen über mich,
 betrauern und beklagen, was mir zustieß.
Die Toren sammeln trockner Worte Gräser –
 ich pflücke Blumen, die in Blüte stehn,
woran der Dichtkunst Söhne sich erfreuen,
 auch wenn die Toren heimlich jammernd murren!
Des Wortes Meister rühmen meine Werke,
 und stimmen an der Dichtung Lobgesang.[45]

Moshe ibn Ezra

* Moshe ibn 'Ezra floh vor den Verfolgungen der muslimischen Almohaden in den christlichen Norden, wo er seine Werke nicht anerkannt sah und vereinsamte; vgl. »Dichterbiographien«.

Wein

Feiern und Fürchten

Mein Freund, dem Schlaf gleicht unser Leben,
  Freuden, Schmerzen sind wie Träume.
Drum schließ vor ihnen deine Augen, Ohren.
  Der Himmel geb' dir Kraft dazu!
Zergrüble nicht dich über rätselhafte Dinge,
  sie überlasse Gott, der uns verborgen,
der dennoch alles weiß, der alles sieht.

Mir schick ein Mädchen, das die Laute spielt,
  das den korallengelben Becher füllt mit altem Wein,
der aufbewahrt seit Adams Zeiten
  oder gekeltert gleich nach Noahs Flut*.
Sein Duft sei der von Myrrhe und von Weihrauch,
  sein Anblick funkle wie von Gold und Edelsteinen
wie jener Wein, den Königinnen, Konkubinen
  vor langen Zeiten König David reichten.

Als man ihm den Wein kredenzte, schlug Jerimoth**,
  der Tempelsänger, die Harfe und mahnte im Gesang:
Stets möge Wein wie dieser gelagert sein
  in fest versiegelten Gefäßen, für jene aufbewahrt,
die sich verzehren nach dem Saft der Trauben
  und die mit Grazie den Becher leeren können.
Sie mögen sich der Mahnung des Predigers*** erinnern:
  »Feiert, doch fürchtet nach dem Tod die Rechenschaft!«[46]

Shemu'el ha-Nagid

* Adam und Noah gelten nach jüdischen Traditionen als Begründer des Weinbaus.
** Jerimoth war Sänger im Jerusalemer Tempel und gehörte dem Stamm der Leviten an (vgl. 1 Chr 25,4), auf den auch Shemu'el ha-Nagid seine Herkunft zurückführt.
*** Vgl. Koh 11,7-10.

Wein

Weinfest auf der Alhambra*

Ich ließ den Ort des Festes vorbereiten. Gäste trafen ein,
   lagerten auf Purpurkissen und feinsten Stickereien.
Rings Blumen, Büsche, Aloe mit Turteltauben im Geäst.
   Adelige, junge Freunde, Weise griffen zu den Köstlichkeiten,
hoben den Pokal mit funkelrotem Wein, bis ihre Lebensängste
   schwanden und zukunftsfrohe Pläne sie ersannen.
Auf meinen Wink erklang Musik von Lauten, Flöten, Leiern.
   Weinselig erhoben über Prinzen sie sich und Regenten.
Sie sanken hin, als hätte Jaëls Hammer sie erschlagen**.
   Der Morgen dämmerte, ich rief sie an, versuchte,
sie zu wecken, doch ihre Häupter waren schwer wie Blei,
   und niemand konnte sich erheben.[47]

Shemu'el ha-Nagid

* Als dem Wesir am arabischen Hof von Granada war ihm gestattet worden, einen Privatpalast auf dem Hügel der Alhambra zu errichten.
** Vgl. Ri 4,17ff. Die Israelitin Jaël tötet einen schlafenden Feind des Volkes.

Bei Tag und Nacht

Der Monat Av, er ist beendet,
   der heiße 'Elul ging vorüber.
Tischri* kam und ging.
   Gekommen sind die Wintertage.

Rot hat sich der Most gefärbt,
   er gärt nicht mehr im Fass.
Gesell' dich, Freund, den Trinkkumpanen,
   ein jeder trinke, wie es ihm beliebt.

Seht, die Wolken spenden Regen,
   hört, der Donner grollt in Himmelshöh'n.

Wein

Dort der Frost, hier wir in Feuerflammen.
  Leert, Freunde, den Pokal bei Tag und Nacht![48]

Shemu'el ha-Nagid

* Ungefähre Entsprechungen im Gregorianischen Kalender:
Av – Juli, Elul – August, Tischri – September.

Edens Freuden

Euch, liebe Freunde, zwar ist bange,
  ich könnt' ein Trunkenbold gar werden.
Ihr fragt besorgt: Wie lang, wie lange
  willst du noch trinken hier auf Erden?

So seid gewiss, ich hab' im Krug, ihr Besten,
  ein Wunderelixier gefunden,
das wehrt all' menschlichen Gebresten
  und macht mich täglich neu gesunden.

Wie sollt' ich nun den Krug nicht ehren,
  aus dem mir Edens Freuden winken?
Und weil's die Jahre nicht verwehren,
  will ich noch lange, lange trinken.[51]

Yehuda ha-Lewi

Gold für Silber

Geizhälse und Gauner sind alle Menschen dieser Welt,
  Weinverkäufer allein sind ausgenommen:
Sie nehmen kleine Silbermünzen,
  doch füllen sie mit flüssg'em Gold die Schläuche.[50]

Moshe ibn Ezra

Wein

Leicht

Seht nur die Krüge, wie sie schwer,
  solange sie vom Weine leer!
Doch füllt sie nur mit süßem Wein,
  bald werden sie dann leichter sein.
Ein Andres auch dem völlig gleicht:
Den Körper macht die Seele leicht.[49]

Yehuda ha-Lewi

Begrab' mich im Weinberg

Geleit' mich, Freund, in deinen Weinberg,
  und schenke ein, ich will in Freuden schweben!
Wenn deiner Kelche Liebe sich mir nähert,
  wird aller Gram sogleich verfliegen.
Hebst achtmal du den Kelch auf meine Liebe,
  trink' ich auf deine achtzig Mal.
Sterb' ich, mein Freund, vor deinem Hingang,
  begrab' mich unter Rebenwurzeln.
Zu meiner Waschung nimm den Rebensaft,
  zu meiner Salbung dien' das Mark der Traubenkerne.
Bewein' mein Sterben nicht! Kein Jammern!
  Ertönen sollen Harfen, Lauten, Flöten!
Bedeck mit Staub und Erde nicht mein Grab,
  stell' neue Krüge hin, gefüllt mit altem Wein![52]

Shelomo ibn Gabirol

Wein

Quak Wasser!

*Es endet der Wein – o qualvolle Pein,
das Auge tränet – von Wasser,
Der Siebziger*, der ist voll Jugendfeuer,
weg treibt ihn das Neunziger-Ungeheuer**.
Nun lasset das Singen!
Das Glas will nicht klingen
voll Wasser, voll Wasser, voll Wasser.*

*Wie soll ich die Hand nach dem Brot ausstrecken?
Wie kann denn dem Gaumen die Speise noch schmecken?
Ich werde ganz wild,
weil die Gläser gefüllt
mit Wasser, mit Wasser, mit Wasser.*

*Durch Moses ward ruhig das Meer und sein Tosen,
der Nil ward zum Sumpf, doch bei u n s e r e m Mosen***,
ach, Himmel, da träuft's,
ach, Himmel, da läuft's
von Wasser, von Wasser, von Wasser.*

*Ich werde am Ende dem Frosche noch gleich
und quake mit ihm in dem Wasserreich,
der wird es nicht müd,
zu schreien das Lied:
Quak Wasser, quak Wasser, quak Wasser.*[53]

Shelomo ibn Gabirol

*   Das hebr. Wort »jajin« (= Wein) hat den Zahlenwert siebzig.
** Das hebr. Wort »majim« (= Wasser) hat den Zahlenwert neunzig.
*** Moses ist der Name des Gastgebers, dem der Wein ausgegangen ist.
    Der biblische Moses ließ das Wasser des Roten Meeres zurückweichen,
    so dass die Israeliten trockenen Fußes hindurchgehen konnten und
    die sie verfolgenden Ägypter im zurückflutenden Wasser ertranken;
    vgl. Ex 14,26-29.

ליבי בדמעותי וגחליך

Liebe

*»In meinem Herzen
lodert ihre Glut«*

Liebe

Die erste bekannte »Liebesgeschichte« in der jüdischen Welt dürfte die mythologische Erzählung von Adam und Eva sein. Die Liebe im jüdischen Kulturkreis ist weltzugewandt. Gemäß jüdischer Tradition ereignet und vollzieht sie sich innerhalb der Schöpfungsordnung.

Die nachfolgend zitierten Liebesgedichte sind deutlich von den Liebesszenen im »Hohen Lied« beeinflusst, wie die zahlreiche Übernahmen von Motiven und Metaphern zeigen. Bei diesem biblischen Buch, das König Salomo zugeschrieben wird, handelt es sich um eine Sammlung von Liebesliedern, die vermutlich zwischen dem 5. bis 3. Jh. v.u.Z. zusammengestellt wurde und sich aus weit älteren Quellen speist.[54] Beschrieben wird in unverblümter Sprache eine durchaus romantisch zu nennende Liebe zweier Menschen voller Sehnsucht und erotischer Leidenschaft bis hin zur sexuellen Erfüllung. Das unverheiratete junge Paar begegnet sich in individueller Zuneigung und größtmöglicher Freiheit im Fühlen, Sprechen und Verhalten außerhalb der gesellschaftlichen Normen.

In der vorangestellten »Einführung« haben wir auf den Einfluss der arabischen auf die zeitgleiche jüdische Kultur hingewiesen. Dies gilt auch für die hebräischen Liebesgedichte, deren älteste im 10. Jahrhundert auf der Iberischen Halbinsel geschrieben wurden. Sie lehnen sich zwar an arabische Muster an, unterscheiden sich von ihnen aber in mehrfacher Weise.

Ein Überblick über bisher publizierte hebräische Gedichte ergibt insgesamt den bemerkenswerten Befund, dass wir keine jüdische Dichterin kennen. Bis auf einen kurzen Text, den wir am Schluss dieses Kapitels wiedergeben, sind weitere Gedichte von jüdischen Frauen aus al-Andalus bis heute nicht gefunden worden. War Poesie zur damaligen Zeit im hebräischen Kulturraum reine Männersache? Die Frau ist selbstverständlich das Hauptthema der aus männlicher Sicht verfassten Liebesgedichte. Frauen erhalten eine fiktive Stimme in zahlreichen Liebesdialogen, in Rollenstrophen und Rollengedichten.

Liebe

Generell gilt, dass die Frau als Person des Begehrens, Preisens oder Klagens keinen Namen trägt. Sie wird toposhaft als »Reh«, »Kitz« oder »Gazelle« bezeichnet. Die Gedichte sind an ein anonymes weibliches Du mit bestimmten Körpermerkmalen adressiert, z. B. ist der Körper schlank wie eine Palme, die Augenbrauen sind gebogen, die Augen senden Pfeile aus, der Mund ist rotgeschwungen, die Zähne gleichen einer Perlenschnur, die schwarzen Locken an den Schläfen gleichen verführerischen Schlangen. Wir erfahren nichts über ihre sonstigen Eigenschaften. Beschrieben ist keine individuelle Geliebte, sondern der Typ einer schönen jungen Frau mit unübersehbaren Rückgriffen auf das poetische Repertoire im »Hohen Lied«.

In einer ersten Gruppe von Gedichten (»*Narde und Myrrhe*« und folgende) sind solche zusammengefasst, in denen Liebesjubel und Liebesglück aus der Sicht des dichtenden Mannes beschrieben werden. Im Gedicht bekennen Frau und Mann einander ihre Liebe, sie preisen sich gegenseitig, ihrer beider Herzen neigen sich einander zu. Ihr zuweilen tändelndes Liebesspiel kann in eine Natur- oder Nachtszenerie gerahmt sein; man reicht sich bei der gegenseitigen Annäherung den Weinpokal. Die Ausdrucksweise ist schlicht, direkt und ungekünstelt. Es existiert eine große Anzahl solcher Liebesgedichte. Wiederholungen von Bekanntem in je neuen Variationen störten das damalige Publikum offenbar nicht, sondern intensivierte die gemeinsame Feier der Liebe. Die poetische Konvention sprach nicht gegen einen damit verbundenen Ernst, vergleichbar Liebenden, die immergleiche Beteuerungen einander zusprechen, ohne zu ermüden.

Im Mittelpunkt der zweiten, umfangreicheren Gruppe von Liebesgedichten (»*Warnung*« und folgende) stehen Darstellungen von Gefahren, denen eine Liebesbeziehung ausgesetzt ist. Beschrieben werden beispielsweise die Trennung eines Paares, das leichtfertige Spiel des einen mit den Gefühlen des anderen, das befürchtete Ende der Liebesbeziehung, das einseitige Lieben sowie die Angst, den Geliebten oder die

Liebe

Geliebte zu verlieren. Daher wird vor Verletzungen durch die Liebe gewarnt. Das Motiv der Liebeskrankheit, das bereits im »Hohen Lied« anklingt (2,5 und 5,8), ist in ihren Ausprägungen weit verbreitet und wird nuanciert ausgeschöpft. Die Liebe kommt plötzlich wie ein Pfeil Amors von außen und löst eine seelische Infektion aus, gegen die man sich nicht wehren kann. Umfänglich stellen die hebräischen Dichter Verletzungen und Qualen dar, die eine ungestillte Liebessehnsucht und unerfüllte Liebesbeziehung hervorrufen können.

Die o.g. anziehenden Elemente der äußeren Schönheit einer Frau können sich auch als Unheilszeichen erweisen. Ihre Haarlocken sind dann Schlangen, ihre Blicke tödliche Pfeile, ihre Brüste Lanzen, gefährlich für jeden, der ihr nahekommt. Die von ihr ausgelösten Wirkungen erregen den Missmut des Mannes, seinen Zorn, seine Erbitterung. Je mehr er sich enttäuscht sieht, je länger er unerhört bleibt und je tiefer er sich in selbstquälerische Grübeleien verstrickt, desto stärker ist er von ihrer kühlen Ablehnung und Rätselhaftigkeit fasziniert. Auf negative Weise verharrt er in ihrem Einflussbereich. Gleichzeitig isoliert er sich von seiner gesellschaftlichen Umgebung. In seine Eigenwelt dringen gutgemeinte Ratschläge von Freunden nicht mehr ein.

Diese Rollen können in anderen Gedichten getauscht sein. Hat der Mann sich aus der Beziehung entfernt, so ist nun die Frau die hilflos Sehnsüchtige und Klagende, wie gesagt, aus der Sicht und in der Vorstellung des männlichen Poeten. Der Rollentausch kann in ein und demselben Gedicht in Form eines tändelnden Liebesspiels, einer sarkastischen oder verzweifelten Frage vonstatten gehen.

In extremer Weise widmen sich die Gedichte »*Ohne Einsicht*« und »*Die Zauberkundige*« dem Motiv der Liebesklage darüber, dass der geliebte Mann bewusst in der Liebesentsagung verharrt. In beiden Gedichten von ibn Gabirol ist das männliche Ich der Liebesknechtschaft verfallen, aus der es für

Liebe

ihn kein Entkommen zu geben scheint. Von den ausgewählten Dichtern greift nur ibn Gabirol dieses Motiv des selbstgewählten süßen Liebestrauerns auf, ein möglicher Hinweis darauf, dass der jüdischen Mentalität diese Liebeserfahrung im allgemeinen fremd ist.[55]

Erstaunlich ist die Sensitivität, mit der die hebräischen Dichter die ambivalente Gefühlswelt der Liebe in der Tiefe ausloten. Es handelt sich um Darstellungen problematischer Liebesbeziehungen. Die Poesie scheint der Ort zu sein, in der die unvermeidlichen Spannungen zwischen den Geschlechtern zur Sprache kommen können. Diese reflexiven Liebesgedichte dürften das Konfliktpotential zu Tage gefördert haben, dem das damalige jüdische Publikum im realen Alltag begegnete, es aber dort vermutlich nicht offen austragen konnte.

Auf den ersten Eindruck fasziniert der Charme der hebräischen Liebesgedichte, sodass man meinen könnte, wir erhielten einen konkreten Einblick in das Liebesleben der Dichter. Doch dem ist vermutlich nicht so, denn die Liebesgedichte sind, wie gesagt, in hohem Grade konventionalisiert. Natürlich kann nicht ausgeschlossen werden, dass konkrete Liebeserfahrungen der Dichter in sie eingeflossen sind. Von arabischen Dichterinnen und Dichtern aus der Omayaden-Zeit sind uns Gedichte überliefert, die sich nachweislich auf namentlich bekannte Liebespaare beziehen.[56] Aus der damaligen jüdischen Welt sind uns bisher keine in Verse gegossenen Dichterlieben bekannt.

Erotik, Liebe, Heirat – die entsprechenden moralischen Maßstäbe sind gemäß Bibel und Talmud ausformuliert. Sexualität ist grundsätzlich erwünscht, und zwar in der Ehe. Doch in der Literatur gibt es einen größeren Spielraum als in der gesellschaftlichen Realität. Die Dichter sprengen gesellschaftliche Verhaltensnormen. Die zitierten Gedichte schildern eine freie Erotik und Liebe außerhalb der Ehe, vergleichbar jener Beziehung von zwei Liebenden, die im »Hohen Lied« dargestellt ist.

Liebe

Selbst eine Grenzüberschreitung bis hin zur Darstellung ungehemmter Begierde (*»Brust und Schenkel«*) wird unter frivoler Bezugnahme auf die hebräische Bibel gewagt. Die jüdische Orthodoxie dürfte solche poetischen Männer-Imaginationen und jene, die sie formulierten, abgelehnt haben.

In ihren Liebesgedichten entziehen sich die jüdischen Poeten den Normen der Ehe und den Maßstäben der orthodoxen Moral. Sie dürften zweifellos eine gesellschaftliche Sprengkraft besessen haben, weil sie einen Gegenentwurf zu damals etablierten Normen darstellten. Die erotische Gefühlslage einer Person bzw. zweier Liebender ist das ausschließliche Thema dieser »freien« bzw. »befreienden« Liebesgedichte, in denen allein die Schönheit und Problematik der Liebe zelebriert werden.

Wie in der arabischen Liebesdichtung, so zeigt sich auch in der jüdischen ein kulturgeschichtlicher Mentalitätswandel hin zu einem ausgeprägten Gefühlsindividualismus, der in Europa erstmalig auf der Iberischen Halbinsel zu beobachten ist. Nach einem relativ geschützten Leben unter den Omayaden-Kalifen erlebten die Juden eine Zeit unübersichtlicher politischer Verhältnisse mit Verfolgungen und inneriberischen Vertreibungen. Wer die hebräischen Liebesgedichte im Bewusstsein dieser historischen Situation liest, kann den Eindruck gewinnen, als schrieben die Dichter gegen diese Gefährdungen und das Zerbrechen bisher stabiler Ordnungen an. Die Dichtung gleicht damit einer Oase, in der das Individuum mit seiner inneren Welt im Zentrum steht. Es sieht sich als einzigartig an, reflektiert sich, stilisiert sich und bringt sich für andere poetisch zum Ausdruck.

Eine andere Art von »Liebesgedichten« widmet sich dem Thema »Hochzeit«. In ihnen mündet die voreheliche Liebe in die gesellschaftlich anerkannte Form der Ehe ein. Es handelt sich in der Regel um Gelegenheitsgedichte anlässlich einer Hochzeitsfeier. Das folgende *»Hochzeitslied«* von Moshe ibn

Liebe

Ezra zeichnet sich durch seine gedankliche Weite und poetische Qualität aus. Ein Freund des Bräutigams lädt die Gäste zur Mitfreude und zum Zuprosten ein. Der Dichter spart nicht an kühnen Vergleichen und Metaphern, sie überbieten sich und borden geradezu über. Die eheliche Verbindung erscheint als ein Ereignis verzaubernder, weltverändernder Art mit kosmischen Auswirkungen. Für den Dichter bricht mit der Hochzeit ein neues Zeitalter an. Zahlreich sind die Anspielungen an die jüdische Bibel. Es ist eine beeindruckende Hymne auf den Beginn einer ehelichen Lebensgemeinschaft.

Zum Schluss sei das einzige uns bekannte hebräische Gedicht einer Frau zitiert (*»Pfänder der Liebe«*). Bezeichnend ist, dass der persönliche Name der Frau nicht überliefert wurde. Ihr Gedicht ist uns nur im Zusammenhang mit dem Werk ihres Mannes Dunash ben Labrat erhalten. Es handelt sich um ein berührendes Abschiedsgedicht aus weiblicher Perspektive: Der Ehemann geht in ein fernes Land und lässt sie mit den Kindern zurück. Der Austausch von Schmuck und Kleidung als Erinnerungsstücke deutet auf ihre bisherige liebevolle Verbundenheit.

Liebe

Narde und Myrrhe

Unter deinen leichten Füßen heimlich süße Keime sprießen,
   Balsamknospe, Myrrhenblüt': mein Leben möchte glücken
nur so lange, bis ich pflücken, sehen kann, wie alles blüht.
   Aller Reichtum dieser Welt ist mir eitel Trug. Deiner Lippen
rote Schnur, deiner Lenden Gürtel nur wäre mir genug.
   All mein süßer Honig fließt, dort wo ich dich küsste.
Meine Narde sich ergießt, Myrrhe sprießt um deine Brüste.
   Zwischen Bitterem und Süßem muss mein Herz bestehen.
Honig sind mir deine Küsse, bitter ist das Abschiednehmen.
   Tausend Garben stehen in der Liebe Tal. Vor deiner Garbe
beugen, vor deiner Garbe neigen sich alle allzumal.[57]

Yehuda ha-Lewi

Dich preise ich

Mein Seelengrund, du Zuflucht meines Herzens!
Ich suche in der Morgenröte dich,
dich preis' ich, bis die Sonne untergeht.

Erhaben bist du, nichts bin ich vor dir,
denn dir ist mein Geheimnis offenbar.
Was bin ich, was kann schon meine Zunge?

Was ist's, das mich beseelt? Dein reiner Geist!
Ich weiß, dass du der Männer Lieder liebst.
Dich preise ich, dein Atem ist mein Leben.[58]

Shelomo ibn Gabirol

Liebe

Geschenke

Gazelle, mir zur süßen Speise gib
Rubine deiner Lippen, als Geschenk
das Liebeskosen deiner Brüste.

Gazelle, meinem Munde gib zu trinken,
lass mich deinen Speichelwein verkosten,
bis ich völlig trunken bin und sterbe.[59]

Moshe ibn Ezra

Die Gazelle

Mein Leben geb' ich hin für die Gazelle.
  Des Nachts griff sie zur Harfe und zur Flöte.
Den Weinpokal in meiner Hand erblickend, sprach sie:
  »Von meinen Lippen trink das Blut der Trauben.«

Geschnitten war der Mond als großes D
  auf das Gewand der Nacht in Gold.[60]

Shemu'el ha-Nagid

Ofrah's Lieder

In meinem Garten blühn zwei Rosen
und harren dein, mit dir zu kosen.
Als Schlangen lauern meine Locken
am Blumenbeete meiner Wangen.
  O thue, Freund, nicht so erschrocken
  und nahe ihnen ohne Bangen!
Sie sollen, Trauter, dich berücken,
in mir die Schönste zu erblicken.

Liebe

»Mein Lieb, mein Reh, verlass mich nicht.
Ich lieb dich, bis mein Auge bricht.
Nach dir allein ist mein Begehr.
Hab' dich ich, was verlang' ich mehr?«
  So klingt der Gruß aus liebem Mund,
  der Freund, er tat mir's selber kund;
  nun schweb' ich hoch im Weltenrund.

Lieg' offen, meiner Brust Gedicht,
vor meines Freundes lieb' Gesicht!
Trieft Myrrhe ihm, ihr Hände schwer,
reich ihm, mein Mund, der Huld Gewähr!
  Denkst wohl, soll deiner Jagd erliegen,
  mich deinem würz'gen Munde schmiegen?
  Komm nur, ich werd' dich schon besiegen!

Denkst mich zu fangen, Bösewicht?
Seht doch! Bei mir sein Herze liegt,
an mein Gemach – gefesselt er,
da liegt er unter sich'rer Wehr.
  Doch komm! Dich soll mein Garten schmücken,
  magst meiner Lippen Rosen pflücken,
  an meinem Palmwuchs dich erquicken.

Nicht wahr, das ist ein süß Gesicht,
das strahlt, das glänzt so sonnig licht?
Sind Wogen aus der Schönheit Meer,
ziehn über meine Flur einher.
  Denkst du des kühnen Flugs der Nacht,
  da du als Beute heimgebracht
  den Mond mitsamt der Sonne Pracht?

Sie schmücken nun mein Angesicht,
umschlossen mich so warm, so dicht.
Ja, zu mir eilt des Himmels Heer,
dass reichen Schmuck es mir bescheer'.

Liebe

*Wenn ich im Zwielicht dich umschließe
und saug' an deiner Lippen Süße:
»Bist mein! Bist mein!« dich jubelnd grüße.*

*»Bist mein, bist mein, ich lass dich nicht,
ruhst einzig mir am Herzen dicht.
Dich gab mir Gott zur Lust, zur Ehr',
bist mein, wie lieb' ich dich so sehr!«*[61]

Yehuda ha-Lewi

Wein, Musik und Tanz

*Lausch der Stimme der Gazelle,
    trink dabei den kühlen Wein!
Die Vögel gleiten ihrer Anmut wegen nieder,
    der Steinbock lässt sich fangen ohne Netz.
Wenn sie die Schellentrommel schlägt,
    sind ihre Finger Pfeilen gleich und Schlegeln.
Betörend ihr Gesang im Gartenparadies,
    er schwingt empor, als flög' er mit den Schwalben.
Wenn sie beim Tanzen schwebt,
    bewegt sie sich wie eine helle Klinge.
Die Rechte greift zum Weinpokal,
    die Linke streift den vom Gewand verhüllten Busen.*[62]

Moshe ibn Ezra

Goldene Nacht

*»Schönste Gazelle, fliehe nicht vor mir!
So lange habe ich dich schon begehrt!
Du bist mein Wunsch und mein Verlangen,
nur du die einzige Erfüllung!«
Den düfteschweren Gruß des schönen Rehs,
es hat ihn mir kein Bote überbracht.*

Liebe

Auch ich vermenge, auf des Windes Schwingen,
mit fließend schwerer Myrrhe mein Geheimnis
und schreibe meinem Freund von meiner Liebe.
Die Myrrhe tropft mir von den Händen –
auf seine Wangen, meine Zeugen!

Erjagen will mein Freund mich im Palast.
Verräterisch ist meines Duftes Sprache,
doch ich bezaubre und verführe ihn!
Mein Freund bemerkt, dass er mir Beute ist.
Ist nicht mein Herz in meiner Brust für ihn
Gefängnis, in mein Kleid gehüllt,
verborgen unter meinem Schmuck?

Zu weiden in den Gärten steig empor,
Gazelle, neige dich und pflück die Lilien!
Hol dir die Dattelbüsche von den Palmen,
die Hennatrauben an der Ziegenquelle,
die ganz erfüllt von meiner Schönheit ist.
Wie schön es quillt aus meinem Brunnen,
und wie sie meine Fluren tränken!

Die Nacht, als du emporstiegst zu den Sternen –
des Mondes Schwestern setztest du gefangen,
schautest den Bär, Orion, die Pleiaden:
sie wollten, um Gefährten mir zu werden,
sich allesamt verwandeln in Geschmeide.
Vom Himmel senden goldne Schnüre
für meinen Armreif sie herab.

Im Dämmer meiner Lust umfang ich dich,
Frucht deiner Lippen ist mein süßer Leib.
Ich rufe dir, mein Ein und Alles, zu:
»Wie bist du wunderschön, du mein Geliebter!
In meine Hände hat dich Gott gegeben.
Ich schenke Liebe dir allein.
So ruhe zwischen meinen Brüsten!«[63]

Yehuda ha-Lewi

Liebe

Wiederbelebung

Wie staunenswert, fürwahr, und wunderbar:
  die zarte Taube fängt den Aar!
Der mächt'ge Löwe ist gebändigt gar
  durch der Gazelle sanftes Augenpaar.
Wer sie erblickt, vor Sehnsucht sterben muss,
  doch Leben gibt dann rasch der Lippen Kuss.
Der Blick, ein Blitz, er schmettert nieder,
  der Kuss, wie Tau, belebet wieder![64]

Yehuda ha-Lewi

Das Kleidchen

Anmutges Reh, erbarme dich des Herzens,
  in dem seit je du wohnst.
Du weißt, dass an dem Tag, an dem du gehst,
  die Trennung mich verzehrt,
wenn meine Augen durch den Schleier brechen,
  zu schauen deinen Glanz.

Von deinen Wangen drohen wilde Nattern,
  sie stoßen aus ihr Gift.
Ihr Giftstrahl ist mit Feuer angefüllt –
  mich stoßen sie zurück!

Geraubt hat sie mein Herz mit ihren Brüsten,
  die auf dem Herz ihr ruhn –
ein Herz von Stein, das nur die beiden Äpfel
  hegt und nährt, nicht mich!
Zur Rechten und zur Linken recken sie
  wie Lanzen stolz sich auf.
In meinem Herzen lodert ihre Glut,
  und doch sind sie so fern.

Liebe

Sie saugen mir das Blut aus meinen Adern,
  ganz ohne Scham und Mitleid.
Ein Reh, das alle göttlichen Gebote
  mit seinen Augen bricht:
es tötet mich in meuchlerischer Absicht,
  und niemand kann mich retten.
Hat je man dies gesehn: des Löwen Herz
  und der Gazelle Wimpern?
Die Brüste schlagen Beute wie der Leu,
  sie spitzen ihre Pfeile;
sie trinken gierig meines Herzens Blut
  und fordern meine Seele.

Ich jubelte, berauscht vom Wein der Liebe
  in trunkenem Gesang;
Denn endlich kam ein Liebesgruß von ihr:
  sie klagte über mich
und schickte Boten, die bei ihrem Kommen
  um Mitleid für sie baten.
Grußüberbringer, Friedensengel, kommt
  noch oft hierher zu mir!
Ihr Wort betörte mir den Sinn und gibt mir
  gewissen, neuen Geist.

In ihrem Garten weideten die Hände,
  betastend ihre Brüste;
da sprach sie: »Nimm die Hände weg von ihnen,
  das sind sie nicht gewohnt!«
So süß und schmeichlerisch war ihre Rede,
  mein Herz, es schmolz dahin:

»Zurück, Geliebter, rühre mich nicht an!
  Du schadest mir gewiss!
Mein Kleidchen ist aus zartem Stoff – nicht weiter!
  Genug, ich weigre mich!«[65]

Yehuda ha-Lewi

Liebe

Der Erde Seligkeit und Lust

Bei Nacht liebkos' die Brüste der Gazellen,
  tagsüber küsse ihre roten Lippen.
Wer dich beschimpft, dir abrät, weis' zurück!
  Was richtig ist, das hör' aus meinem Mund:
Es gibt kein Leben ohne diese Schönen,
  gestohlen aus dem Garten Eden, den Männern
eine Qual und dennoch heiß begehrt.
  Dein Herz ergib den Freuden dieser Welt,
ergreif am Bach den Weinpokal zum Klang
  der Lauten, Harfen und der Schwalben Lied.
Tanze, juble, klatsche in die Hände,
  frohen Muts poch' an die Tür des Rehs!
Das ist der Erde Seligkeit und Lust!
  Einen Teil nimm dir, er steht dir zu,
als wäre er vom Opfer des Altars,
  das nur den Priestern vorbehalten.*
Saug an den Lippen Honig und Salbei,
  bis dein sind, Brust und Schenkel.[66]

Moshe ibn Ezra

* Ex 29,27: »Von allen Mahlopfern sollen das Bruststück und die Keule für alle Zeiten den Nachkommen Aarons als Anteil zustehen.« Vgl. Lev 7,26ff.

Warnung

Die Harfe her mit vollen Tönen!
  Erklinge, Lied, zum Ruhm der Schönen!
Es wechsle Saitenspiel mit Singen,
  den Preis im Wettkampf zu erringen.
Dort lugt sie aus des Fensters Gitter
  und lässt das Herz mir schauern, zittern.
Sie ist als reinster Schmuck der Frauen
  im Strahl der Tugend nur zu schauen.

Liebe

Erfüllt von Anmut, Seelenadel,
  an Geist und Körper sonder Tadel.
Und dennoch hat sie Menschenleben
  dem jähen Tode preisgegeben.
Sie schoss auf mich den Pfeil vom Bogen,
  der mir gar tief ins Herz geflogen.
Als ob der Pfeil noch nicht genügte,
  der in so raschem Kampfe siegte,
erhob das Schwert sie, zu vollenden
  den Mord mit Unschuldshänden.
Ihr Arm, der sonst nur Lilien spiegelt,
  hat mir als Schwert den Tod besiegelt!
Ich rufe Sonn' und Mond als Zeugen,
  sie sind von ihr geblendet – schweigen!
Ich ruf' euch, Richter, unbestechlich!
  Der Richter Sinn ist, ach, gebrechlich.
Und soll sie's ungestraft so treiben?
  Es scheint, es müsse schon so bleiben.
Doch will ich dies zur Warnung schreiben.[67]

Yehuda ha-Lewi

Keine Tränen

Die zärtliche Gazelle hält sich nicht an Regeln!
  Sie schikaniert selbst Könige und Fürsten.
Wenn du sie liebst, wird sie dich beißen, schlagen.
  Das ist's, wonach sie sich im Herzens sehnt;
Ich seh in ihren Augen keine Tränen,
  doch deine Tränenströme werden fließen.
Du hoffst, zu kosten ihres Gaumens Honig,
  sie wird mit einem Haken nach dir werfen![68]

Shemu'el ha-Nagid

Liebe

Blut des Geliebten

Nimm den Kristallpokal vom Rehkitz.
 Wie Feuer blitzt das Traubenblut im Hagelsturm.
Scharlachrot gewölbt sind ihre Lippen,
 in ihrem Munde lagert süßer Wein.
Der Hals und ihre Rede sind von Duft umhüllt.
 Vom Blute des getöteten Geliebten
sind ihre Fingerspitzen, die einen
 wie Rubine, die anderen wie Perlen.[69]

Shemu'el ha-Nagid

Der Fluss als Bote

Du strömst zum Land, wo mein Geliebter wohnt,
 bring meine Grüße ihm und sprich: Das Wasser
ist so rot, weil es gemischt mit meinem Tränenblut.
 Zum Schluchzen brachte mich der Trennungsschmerz.
Ein Schatten legte sich auf meine Seele,
 es ist mein bitt'rer Hass auf des Geliebten Feinde.
Sag's ihm dringlich, bitt' ich, aber heimlich,
 meiner Eltern Leben würd' ich opfern,
käm' er zurück in meine Arme.
 Ich alleine wohn' in seinem Herzen![70]

Moshe ibn Ezra

Hilferuf

Mit wem kann ich von Herz zu Herzen über meine
 Qualen sprechen? – Doktor, geh, denn keinen Balsam
hältst du vor für meine tiefen Wunden!
 Nur mein Freund könnt' meine Schmerzen heilen.

Liebe

Doch reicht dafür seine Liebe?
*   Ihm ist alles gleichviel: meine Tugend,*
meine Liebe, meine Freude oder Wonne.
*   Ich fleh' ihn an, doch er bleibt eigenwillig,*
innig lieb' ich ihn, ich sage ihm die Wahrheit.
*   Er stellt sich nicht. Bin ich ihm nicht mehr wichtig?*[71]

                                 Shemu'el ha-Nagid

Taube, warum klagst du?

Taube in den Myrten, warum klagst du?
   Bist einsam du wie ich, ohne den Geliebten?
In meinem Herzen lodern Feuerflammen,
   mich verbrennen sie, wenn Tränen sie nicht löschten.
Keine Tränen sind es, die ihr seht,
   meine Seele schmilzt mir aus den Augen.
Ein »Narr« wär ich, weil ich dich innig liebe?
   Einen »Weisen« würdet ihr mich nennen,
wenn ihr sehen würdet, wer du bist.
   »Kannst, Taube, du mich auf den Flügeln tragen?
Bevor ich sterbe, wäre es mein Wunsch,
   das Antlitz der Geliebten einmal noch zu schauen.«[72]

                                 Shemu'el ha-Nagid

Bleiben oder fliehen?

Ich möchte, Ofrah*, vor dir fliehen
zur Meeresküste trotz der Mühen,
da deine Lippen Feuer sprühen
und drohend rot in Flammen glühen.
Mir ist ja nicht die Macht verliehen,
durch Gluten unversehrt zu ziehen.

Liebe

*Ich möchte wieder zu dir wallen
mit Wonne, Lust und Liederschallen,
um in die Klippen der Korallen,
die deine Lippen sind, zu fallen,
und selig in den Perlenhallen
der Küsse deines Munds zu wallen.*

*Ich möchte, Ofrah, von dir eilen
und meiden dich auf tausend Meilen,
da deine Blicke, gleich den Pfeilen,
mir grausen, ach, das Herz zerteilen,
und brennend in der Brust verweilen,
dass schwer nur ihre Wunden heilen.*

*Doch möcht' ich wieder von den Wunden
in deinem Augenstrahl gesunden.
Wer deinen Balsam je empfunden
in schmerzerfüllten Lebensstunden,
bleibt, Ofrah, an dich festgebunden;
So weil' ich denn, um zu gesunden.*[73]

Yehuda ha-Lewi

* Name einer imaginierten Geliebten des Dichters.

Sei mein Arzt

*Sei sanft, Geliebter, kein eisern Herz ist mein.
   Wie könnt' ich deinen Zorn ertragen?
Solln ewig meine Schmerzen währen?
   Ich bin todkrank! Mein Arzt bist du allein!*[74]

Shemu'el ha-Nagid

Liebe

Im Hades

Verglich der Palme dich, so rank,
  der Sonne dich mit ihrem Strahl, so blank.
Erschienst mir gütig, Abigail*,
  ich wusst um deine Huld dir Dank. –
Vergleich nun Isebél** dich, seit
  mich zehrt dein Zaubertrank.
Der Schönheit Gipfel, des Anblicks Lust! –
  verhängst du, dass ich sehnsuchtskrank.
Beschwör doch meine Seel – du kannst's! –
  herauf vom Hades! ach, wohin sie sank.[75]

Shelomo ibn Gabirol

* In der jüdischen Tradition eine Prophetin, vorbildlich, schön und gutherzig.
** Zauberin, phönizische Königstochter. Sie soll das Volk Israel zum Baalskult verführt haben; vgl. 1 Kön 16ff, 2 Kön 9,22.

Die Zauberkundige

Mein Herz – entflammt. Wer schürte dieses Feuer?
  Der Gazelle Augenpfeile und ihr stolzes Haupt.
Es ist erbaut auf hohem Hals, gleich einem Turm*,
  beschirmt von Wächteraugen, doppelt wehrhaft.
Sobald ihr Lächeln meine Wangen streift,
  so strömten Tränenbäche mir hernieder.
Beneidenswert das Los des jungen Joseph,
  er ward verkauft für zwanzig Silberstücke**.
Und ich? – Ich ward verkauft um nichts,
  verfiel der Liebesknechtschaft, dieser Zauberin.[76]

Shelomo ibn Gabirol

* Hohes Lied 4,4: »Wie der Turm des Königs David, glatt und rund, ragt dein Hals.«; 7,5: »Einem Elfenbeinturm gleich ist dein Hals, schlank und schimmernd.«
** Vgl. Gen 37,28.

Liebe

Ohne Einsicht

Der Freund riet ihr: »Lass den Geliebten laufen,
 halsstarr ist er, ohne Einsicht, lass ihn!«
Die Hochgeborene aus edlem Hause
 traf mich an in süßem Liebestrauern:
»Wie lange noch verschließt du deine Liebe,
 willst du dich im Eigensinn versteifen?
Auf dem Feld der Liebe steht die reife Ernte,
 die Sense liegt in deiner Hand, nun schreit zur Tat!
Erlag der Liebe Macht nicht selbst ein David?
 Er warb um Abigail*; ließ er sie nicht rufen?«[77]

Shelomo ibn Gabirol

* Kluge, mutige und schöne Frau, verheiratet mit dem reichen und
 hartherzigen Nabal, der David die Gefolgschaft verweigert. Sie bewahrt
 David vor einer blutigen Strafaktion. Nach dem Tod Nabals wirbt David
 um sie; Abigail wird eine der Frauen Davids (vgl. 1 Sam 25,1-43).

Hochzeitslied*

Hat Myrrhenhauch die ganze Welt erfasst?
 Des Windes Atem wiegt die Myrtenzweige.
Von Zimt und Würzrohr steigt ein Duftgewölk,
 und in den Kelchen blitzt der junge Most.
Aus Wolken rinnen schwere Balsamdüfte,
 glitzernde Tropfen sprühen von den Myrthen;
die Berge jauchzen Lieder ohne Mund,
 wie im Geäst die Tauben und die Schwalben.
Der Erde Kleid, aus Goldbrokat gewirkt,
 bestickt ihr Rock mit bunten Seidenstreifen –
zu ebnen Bahnen werden ihre Pfade,
 felsige Windungen zu weitem Tal.
Die Häuser singen – jubelnd geben Antwort
 der Mauern Steine und das Holz der Balken.

Liebe

Betrübte Häupter kleiden sich mit Freuden,
  und Menschen voll Bekümmernis frohlocken.
Der Stammler Lippen reden klar, sie richten
  den zerstörten Bau der Freuden wieder auf.

Versteckte Wunder werden offenbar,
  die tief im Herz der Zeit verborgen lagen.
Errichtet ist des Ruhmes Zelt, die Haken
  sind in des Preislieds Schlingen eingehängt.
Das Mark mit seinem Mark vereint die Zeit;
  getrennte Leiber hangen aneinander.
Empor auf Myrrhenhügeln steigen Freuden,
  wie Fahnen aufgepflanzt auf Weihrauchhöhn.
Der Welt verkündet auf Auroras Flügeln –
  auf Pferderücken nicht – des Boten Stimme:
Ein edles Weib hat Salomo gefreit!
  Sind Bräutigam und Braut nicht Mond und Sonne?
[...]
Freunde des Brautpaars, eilt zum Wein der Liebe
  und trinkt aus der Schale voller Glück!
Verdoppelt und vervielfacht eure Freuden,
  öffnet die Speicher jeder Seligkeit!
[...]
Genieße, Freund, dein wundervolles Reh,
  laßt beide tönen Jubel und Gesang!
Erfreu dich ihres palmenschönen Wuchses,
  der sanft sich biegt und neigt wie Myrtenzweige.
Das Klirren ihres Halsbands fürchte nicht,
  wenn Abendhauch ihr Stirngeschmeide schüttelt,
und scheue nicht die taubengleichen Augen,
  die dich mit Wein der Leidenschaft berauschen.
Dein Herz sei stark, von ihrem Arm umschlungen,
  im Klang des Armreifs und der Füße Schmuck.
Entflieh den Schlangen ihrer Locken nicht,
  auf ihrem schamgebadeten Gesicht.
Ruft sie dich nicht mit liebevollem Gruß?
  Ihr Antlitz voller Glanz ist tief verborgen.

Liebe

Im Liliengarten die Granatenäpfel,
 mit Nelkennägeln sind sie festgesteckt.
So lass die Hände über ihren Leib
 gelinde streichen und sie sanft betasten.
Du weißt, die Zeit ist deiner Wünsche Sklave;
 zu Wunsch und Willen steht dir jede Stunde:
sie eilt, dir jede Bitte zu erfüllen,
 und was dein Herz verflucht, das jagt sie fort.[78]

Moshe ibn 'Ezra

* Zahlreich sind die Anklänge an biblische Stellen, z. B.: Hohes Lied 1,2; 4,14 und 5,1; Jesaja 40,3; Psalm 65,13f und 98,4-8; Tobit 13,18.

Pfänder der Liebe

Wird die Liebe an seine Gattin ihn erinnern,
 an ihrer beider Sohn, den sie beim Abschied hielt im Arm?
An ihre Linke steckte er den Ring von seiner Rechten,
 sie schenkte ihren gold'nen Armreif* ihm.
Er reichte seinen Mantel ihr als Pfand;
 sich ihrer zu erinnern, gab sie ihren Umhang ihm.[79]

Ehefrau von Dunasch ben Labrat

* Vgl. Hohes Lied 8,6.

הכי מות כמו מגל ונחנו
- כמו קציר אשר בשל וקמה

Vergänglichkeit

»Der Tod ist eine Sichel
— wir sind seine Ernte«

Vergänglichkeit

Die Klage ist als Ausdruck der Trauer in der jüdischen Tradition fest verankert. Ein historisch-literarisches Modell ist die Klage Davids über den Tod seines Königs Saul und Jonathans (2 Sam 1,19-27). Daneben gibt es biblische Klagelieder als Ausdruck einer kollektiven Not Israels, jeweils verbunden mit der Bitte, Gott möge sich seinem Volk wieder zuwenden (vgl. Klagelieder, Joel 1-2). Das biblische Klagelied wird damit zu einer Form der Verkündigung.

Berühmt sind fünf dem Propheten Jeremia zugeschriebene »Klagelieder« über die Verwüstung Jerusalems, die Zerstörung des Salomonischen Tempels und die Verschleppung der nach Babylon Bevölkerung durch König Nebukadnezar II. im 6. Jahrhundert v.u.Z. Im Rahmen der Synagoge werden bis heute am Fastentag Tischa beAw (im Juli/August) diese Klagelieder gelesen und gebetet. Es ist ein Tag der liturgischen Trauer, aber auch der Erwartung auf Erlösung vom verhängten Schicksal.

Auf dem Hintergrund dieser jüdischen Traditionen sind jene poetischen Klagen zu lesen, die die sephardischen Dichter schrieben. Anlässe sind zunächst personenbezogen, z. B. der Verlust eines Familienangehörigen (»*Elegie auf den Tod der Brüder*«, »*Die Braut des Todes*«), eines Freundes, eines Mäzens (»*Yéqutiéls Tod*«), die Trennung von der Geliebten oder der Rückblick auf vergangenes Glück.

Darüber hinaus gibt es im jüdischen Leben des spanischen Mittelalters immer wieder ernsthafteste Anlässe, sich ständig der bedrohlichen Allgegenwart des Todes bewusst zu sein. Bei allem glückhaft erlebten »Carpe diem«, das in den Werken der zitierten Dichter gefeiert wird, existiert gleichzeitig das Wissen, ein solcher Zustand könne leicht in sein Gegenteil umschlagen, denn mit Demütigungen, Verfolgungen oder Vertreibungen ganzer Gemeinden musste trotz des gewährten Schutzstatus immer wieder gerechnet werden. So kann ein Loblied auf die vielfältigen Vorzüge des Weins in eine zornige Klage über das

Vergänglichkeit

eigene bittere Lebensschicksal (vgl. im Kapitel »Wein« ibn Ezras Gedicht »*Der Wein, die Musik und das Schicksal*«) oder über das des jüdischen Volkes im Exil umschlagen.

Wenn alles Lebendige von Geburt an dem Tode zueilt, ist auch das Positive nur eine Übergangserscheinung, letztlich trivial und wertlos. Der mitfühlende Blick auf geschlachtete Tiere erinnert Shemu'el ha-Nagid an sein künftiges Ende (»*Der Markt*«), der Blick auf schlafende Soldaten, die über den Gebeinen von ehemals Herrschenden und erfolgreichen Heerführern lagern, an die Sinnlosigkeit vergangener Kriege und Siege (»*Nächtliche Einquartierung*«). Im Gegensatz zu religiösen Klageliedern, die letztlich auf Rettung zielen, können säkulare Klagelieder auch in radikaler Hoffnungslosigkeit (»*Wie eine Schale aus Ton*«, »*Die Sichel*«) enden. In diesem Sinne sehen sich die Menschen in ein unbehaustes Dasein ohne Heilsperspektive geworfen.

Vergänglichkeit

Elegie auf den Tod der Brüder

Früher lief die Zeit gleich einer Magd
  mir alle Wünsche, alles Sehnen zu erfüllen.
Doch Menschen ohne Schuld ward sie verhasst,
  denn sie paktierte mit den Mördern und Verrätern!
Jedem Schurken schenkt sie ihre Gunst,
  doch edlen Menschen gegenüber knausert sie.
Wer ohne Fehl und Tadel, der muss barfuß laufen,
  doch der Kumpan des Bösen badet seinen Fuß in Öl.
Beschlossen hat die Zeit, das Leben mir zu lassen,
  doch meine jungen Brüder mussten vor mir scheiden.
Giftig sind die Willkür und der Zorn der Zeit.[80]

Moshe ibn Ezra

Die Braut des Todes

»Die Träger haben dich ins Grab gesenkt.
  Ach, meine Tochter, hast deine Heimat du vergessen?
Nichts blieb mir, nur die Erinnerung an dich.
  An deinem Grab vermag ich nur zu trauern,
der Tod hat mich von dir getrennt.
  Ach, meine Tochter, still im Leid blieb ich zurück.«

»Wehe, Mutter, dass du mich geboren!
  Wie konntest du an jenem Tage mich entlassen?
Zur Braut des Todes hast du mich erzogen.
  Als mein Ende nahte, hast du mich nochmals weggeschickt.
Du kröntest mich mit einem Kranz aus Staub,
  hast in den Brautstrauß des Verderbens mich geflochten.
Wehe, Mutter, gegen deinen, meinen Willen
  vollzog der Tod die Trennung zwischen mir und dir.«[81]

Yehuda ha-Lewi

Vergänglichkeit

Yéqutiéls Tod*

Schau dir die Sonne an im Untergeh'n,
   in einen Purpurschleier hat sie sich gehüllt;
noch scheint in Nord und Süd sie an den Küsten,
   sie deckt den Westen ein mit einem Scharlachtuch
und langsam schwindet weg die Erde,
   Zuflucht sucht sie in der Schattenwelt.
Aus Trauer über Yéqutiéls Tod
   verdunkelt sich der Himmel,
als würde er mit schwarzem Linnen überzogen.[82]

Shelomo ibn Gabirol

* Yéqutiél ben Isaak ibn Hassan war ein angesehener jüdischer Gönner ibn Gabirols am christlichen Hof von Saragossa.

Der Markt

Kürzlich war ich auf dem Markt der Metzger,
   wo Schafe, Ochsen hingen, hälftig Seit' an Seite,
Geflügel, Vögel, Vieh, so zahllos wie der Meere Fische.
   Laut schrien sie, wenn Blut aus ihren Adern, grad geöffnet,
sich in Lagen auf den Metzgermessern schichtet.
   In Buden boten Händler in gehäuften Körben Fische,
gleich nebenan der Bäcker lange Reihe,
   seit Morgengrauen loderten die Feuer in den Öfen.
Es ward gebacken und gegessen,
   Gefäße füllte man, die Reste heimzutragen.

Mein Herz verstand, was hier geschah, und fragte:
   Wer bist du, der du überlebst an diesem Ort?
Was unterscheidet dich von diesen Tieren, die ebenso geboren,
   die Wachsein, Mühsal und das Ruhen kennen?
Lebten sie, sie würden frei sich regen, hätt' Gott
   sie nicht zur Speise euch gegeben.

Vergänglichkeit

Hätt' er dies auch nur für einen Augenblick gewollt,
   so wäret ihr an deren Stelle. Sie haben Atem
und ein Herz wie ihr, bestrebt, den Erdkreis zu bevölkern.
Kein Augenblick, in dem, was lebt, nicht stirbt,
und was geboren werden soll,
   nicht diese Welt erblicken wird.

Hört, ihr Elenden, ihr Herrscher,
   die ihr euch sonnt in stolzem Ruhm!
Ihr wolltet das Geheimnis dieser Welt ergründen:
   Was ich sah, das ist der Menschen ganze Wahrheit.[83]

                                    Shemu'el ha-Nagid

Nächtliche Einquartierung

Truppen hab' ich einquartiert für diese Nacht in einer Festung,
   – Soldaten schleiften sie vor Zeiten – sie fielen in den Schlaf
an Mauern und an Wällen, unter ihnen in der Erde
   ruhten die dahingegang'nen Kommandeure.

Ich grübelte ... was wurde aus den Menschen,
   die vor uns an dieser Stelle wohnten?
Wo sind die Bauleute, die Soldaten, die Reichen
   und die Armen, die Sklaven, ihre Herrn –

die Trauernden und Bräute, die Söhne und die Väter,
   die Witwen und die Arbeitsfrauen?
Große Völker folgten nacheinander
   Monate für Monat, Jahr für Jahr,

besiedelten den Rücken dieser Welt,
   nun ruhen sie im Erdengrund –
Ihre prächtigen Paläste, zu Gräbern wurden sie;
   die Königshöfe, heute sind sie Staub.

Vergänglichkeit

Könnten jene ihre Häupter heben, uns erscheinen,
  sie würden uns die Lebensfreude nehmen.
Bei meiner Seele, es ist wirklich wahr, bald
  werd' ich sein wie jene, die dort schlafen.[84]

Shemu'el ha-Nagid

Wie eine Schale aus Ton

An den himmeln und den sternen nehm ich maß
schaue auf die erde und ihre kriechenden kreaturen
und sehe wie alles noch im kleinsten ineinander passt
Der himmel ist wie ein zelt dessen haken
in ösen und in schlingen stecken und der mond
mit seinen sternen eine hirtin
die ihre schafe auf die weide treibt
Unter den wolken aber ist er wie ein schiff
unter vollen segeln das eine flagge flattern lässt am mast
Ein mädchen das durch einen garten geht
aber ist die wolke wenn sie die myrtenbäume gießt
der tau im nebel morgens und der regen
Eine frau die ihr nasses haar ausschüttelt
dass die tropfen zur erde stieben
wo sich die menschen wie tiere zum schlafen legen:
eine armee die ihre zelte aufschlägt für die nacht
und die die kornspeicher plündert
Vor dem terror des todes flieht ein jeder aufgerüttelt
wie die taube auf der flucht vor einem falken
wie eine schale aus ton werden wir
von der zeit und ihren hufen zu scherben zerschlagen.[85]

Shemu'el ha-Nagid

Vergänglichkeit

Die Sichel

Mein Gott, mein Fels, dir dank ich täglich.
   Ich zügle mich zu fragen: »Warum?« – »Wozu?«
Er hat den Tod für jedes Lebewesen vorbestimmt
   nach seinem Wunsch und seinem dunklen Sinn.
Ein jeder hält in seiner Hand den Brief des Todes,
   mit einem Siegel ist er noch verschlossen.
Gottlose und Reine trinken aus demselben Becher,
   der Tiere Schicksal ist das ihre.
Der Mensch wird nackt geboren, und er geht,
   wenn seine Arbeit er in dieser Welt getan.
Alles lässt er hinter sich, er nimmt nichts mit
   an seinem letzten Tag, nicht das Geringste.
Seine Taten folgen ihm zur Grabesstätte,
   er findet Ruhe, wenn er ein guter Mensch war.
Der Karren, der zum Grab ihn fahren wird,
   er stand bereit seit seinem ersten Lebenstag.
Der Tod ist eine Sichel, wir sind seine Ernte.[86]

Moshe ibn Ezra

תן לספרדים ללכת לציון!

Exil

»Lass Hispanien, nach Zion zieh!«

Exil

Juden hatten sich jahrhundertelang nirgendwo sonst so entfalten, Anteil an einer gesellschaftlichen und kulturellen Entwicklung nehmen und dabei eigene Beiträge leisten können wie auf der Iberischen Halbinsel. Dennoch gehörte das Bewusstsein der Heimatlosigkeit in der Welt zu den Grunderfahrungen der Sepharden. Sie lebten in einem doppelten Exil: dem der Verbannung aus Palästina durch die Römer im Jahre 70 u.Z. und dem der zuweilen mehrfachen innerhispanischen Vertreibungen durch arabische wie christliche Herrscher.

Ihre sowohl geographische wie religiöse Heimat lag für sie im Osten des Mittelmeeres, doch sie lebten von ihr weit entfernt, am westlichen Rande des Abendlandes. Die religiös motivierte Sehnsucht nach Jerusalem führte zu einer grundsätzlichen Infragestellung dieser Lebenssituation. Insbesondere formulierte Yehuda ha-Lewi diese innere Disharmonie (»*Zwischen Ost und West*«).

Die Sepharden, zumal die Angehörigen der wohlhabenden und intellektuellen Oberschicht, standen in der Gefahr der Anpassung an die nicht-jüdischen Umgebungen. Sie öffneten sich dabei unweigerlich den Freuden kultivierten Wohllebens, den Genüssen der Natur, des Weins, der Freundschaft und der Liebe. Doch es galt, in dieser Exilsituation die Einhaltung der biblischen Gebote nicht zu vernachlässigen und ihren mit Jahwe eingegangenen Bund nicht zu brechen. In Phasen kritischer Selbstreflexion schwankte man zwischen weltlicher Libertinage und religiöser Zerknirschung. In klassischer Weise beschrieb Dunash ben Labrat diese Konfliktsituation (»*Das Feste im Exil*«). Widersprach nicht derjenige, der ausgelassen Fest feierte, dem Heilswillen und den Geboten Jahwes? Waren Juden nicht vielmehr verpflichtet, den Weg der Sühne und der Bewährung zu beschreiten?

Es kam zu einer Binnenwanderung von Juden in den damals noch toleranten christlichen Norden, als in der zweiten Hälfte des 11. Jahrhunderts streng muslimische Berberdynastien die Herrschaft der Omayaden ablöste. In der Fremde führten

Exil

Yehuda ha-Lewi, Shelomo ibn Gabirol und Moshe ibn Ezra ein unstetes Wanderleben. So beklagte Letzterer wiederholt seine innere wie äußere Einsamkeit in einer Umgebung von Menschen, die unfähig seien, ihn zu verstehen (*»Die Klage der Taube«*, *»Lass Hispanien«*).

Einer existentiell tiefen Konfliktsituation sahen sich jene Juden ausgesetzt, die unter dem Druck der Verhältnisse zum christlichen Glauben konvertierten. Ein erschütternder anonym überlieferter Text beschreibt die Gewissensqualen, eines Juden, der seinen Glauben äußerlich verleugnete und innerlich an ihm festhielt. Er klagt sich an, seinen Bund mit Jahwe gebrochen zu haben, und bittet um Vergebung am Tage des Gerichts (*»Wie könnt' ich bestehen?«*).

Für Juden war die erzwungene Taufe eine Katastrophe. Hier setzte Ende des 15. Jahrhunderts die spanische Inquisition an, wenn sie nach »unechten Christen« fahndete, die heimlich Juden geblieben waren. Gab es dafür Anzeichen, so wurden sie dem »peinlichen Verhör«, d. h. der Folter übergeben, um ein Geständnis zu erzwingen. Wer z.B. kein Schweinefleisch aß oder am Freitag nicht zur Arbeit ging, galt als überführt.

Zahlreiche Juden hatten 1000 Jahre nach der Zerstörung des Jerusalemer Tempels im Jahre 70 u. Z. das Ende des Exils und das Kommen des Messias erwartet. In diesem Sinne richtete Ibn Gabirol seinen Blick auf das von ihm ersehnte, ihm aber noch verhüllte Ende der Verbannung (*»Schon tausend Jahre«*). Gemäß jüdischer Theologie werde sich die Weltgeschichte so entwickeln, dass das zerstreute jüdische Volk dieses Land wieder in Besitz nehmen könne. Am 9. Av[87] erinnern heute Juden an die Zerstörunag des Jerusalemer Tempels und an ihre Vertreibung vom spanischen Boden. In zahlreichen Gedichten, die teilweise bis heute in jüdischen Gemeinden zitiert werden, gibt vor allem Yehuda ha-Lewi seiner *»Sehnsucht nach Jerusalem«* Ausdruck[88], dem Zentrum des alten Königreichs Juda mit dem Tempel als Zentralheiligtum des Volkes Israel.

Exil

Zwischen Ost und West

Mein Herz – im Osten, doch lebe ich im fernsten Westen.
  Wie könnten hier mir Trank und Speisen schmecken?
Wie könnte ich erfüllen meinen Eid, vollenden mein Gelübde,
  da Zion in christlicher Haft* und ich in arabischen Banden?
Spreu ist meinen Augen alles Gut auf spanischem Boden,
  doch Gold für mich der Staub, drauf einst das Heiligtum
    stand. [89]

Yehuda ha-Lewi

* Im Jahre 1099 eroberten christliche Kreuzfahrer Jerusalem und richteten unter Muslimen und Juden der Stadt ein Massaker an.

Das Fest im Exil

Er sagte: »Schlafe nicht! Trink edlen alten Wein
  in Lilien, Myrrhenduft, Kampfer und Aloe,
hier im Granatenhain, wo Palme wächst und Rebe,
  wo Blumen lieblich blühn und Tamarisken sprießen,
wo rauschende Kaskaden mit Lautenklang sich mischen
  und wo der Sänger Mund zum Harfenspiel erklingt.
Dort wiegt ein jeder Baum die Zweige früchteschwer;
  aus jedem Wipfel tönt der Vögel Chor.
Der Tauben Weise gleicht dem Sang der Musikanten,
  der Turteltauben Antwort dem Gurrelied der Flöten.
Laßt uns im Garten trinken, in einem Lilienbeet!
  Verjagen wir den Kummer mit Freuden aller Art!
Lasst süßes Mahl uns munden und Wein aus vollen Kelchen!
  Wie Riesen wollen wir tiefe Pokale leeren!
Ich will im Morgenrot die besten Ochsen schlachten,
  kräftig und auserlesen, dazu noch Kalb und Widder.
Laßt salben uns mit Öl und Weihrauch zünden an,
  bevor der Unglückstag uns trifft – genießen wir!«

Exil

Ich schalt ihn, sprach:»Sei still! Wie kannst du nur so handeln,
  wenn Gottes Heiligtum in Heidenhand noch ist?
Torheit hast du gesprochen, Verworfenheit gewählt,
  gesagt nur eitle Dinge, Spöttern und Toren gleich.
Beachtest du nicht mehr des höchsten Gottes Weisung?
  Du freust dich, doch in Zion, da heulen die Schakale!
Wie können Wein wir trinken, ja, wie nur die Augen heben,
  wenn wir ein Nichts nur sind, geschlagen und verachtet?«[90]

Dunash ben Labrat

Die Klage der Taube

Im Duft des Gartens auf des Zweiges Spitze
  ließ sich eine Taube nieder: Warum ihre Trauer?
Des Gartens Flur gab keine Antwort,
  der Palmen Schatten legten sich auf sie.
Die Taubenkinder gurrten fröhlich,
  sie wiederholte nur ihr Klagelied.
Beweine, Taube, ihn, der einsam wandert,
  kein Mahl bereiten ihm die fernen Söhne.
Niemand kennt ihn, so irrt er umher
  unter Schwindlern, unter Gauklern.
Taube, wein' und klag' um ihn,
  ein frohes Lied mag er nicht hören.
Gib ihm deine Flügel, er flög' zu seinen Söhnen,
  denn erbarmungswürdig öde liegt ihr Land.[91]

Moshe ibn Ezra

Exil

Lass Hispanien, nach Zion zieh!

Ach, sollt' ich immer unter Toren schmachten,
   die ich nur hassen kann, nur tief verachten?
Versteh'n nicht meine Schrift, nicht meine Rede,
   sie müssen stets als Fremdling mich betrachten.
Drum eil' hinweg von ihnen, suche Menschen,
   die dich als Menschen würdigen, dich achten.
Vergiß die Eltern, lass Hispanien, zag nicht,
   wenn du in Mühsal auch musst übernachten,
ob Tiefen du durchschreiten musst, ob Berge
   erklimmen, ob des Schiffes Kiel befrachten.

Nach Zion zieh – es wird dich Gott geleiten –
   nach Babel, in das Land der Herrlichkeiten.
Dort magst du frei empor dich heben, dorten
   mit voller Geisteskraft zum Ziele schreiten.
Schmerzt's dich, dein Volk, dein Vaterland zu lassen?
   Auch dort wird Gott den Schirm dir überbreiten,
wie eh'dem Er die heil'gen Väter schirmte,
   als in der Irrfahrt sie entfloh'n den Leiden*.
Mag dann verwünscht sein meiner Had'rer Boden,
   mir sei es Wonne, ewig ihn zu meiden.[92]

Shelomo ibn Gabirol

* Legendäre vierzigjährige Wüstenwanderung des Volkes Israel nach dem Auszug aus Ägypten; vgl. Num 32,13.

Wie könnt' ich bestehen?

Herr, jeden Tag befolg' ich das Gesetz,
   ein Sünder bin ich dennoch.
Was soll ich tun an jenem Tag,
   an dem zu Staub ich werde?
Gefoltert ward ich, hingeworfen
   auf eisig harte Erde,

Exil

in ein Verlies verschlossen,
  dort ließen sie mich liegen.
Wer kann das erleiden?
  Welch bitt're Zeit!
Ich sündigte und schwor der Wahrheit ab,
  ich wandte ab mich vom Gesetz.
Die Zeit vergeht, und ich weiß nicht, wohin.
  Der Feind erlaubt mir keine Rückkehr.
Doch immer glaubte ich an Dich.
  Ich werde mich zu Dir bekennen.
Wie könnt' ich sonst besteh'n
  am Tage des Gerichts?
König, Dein ist Hoheit ebenso wie Stärke,
  um Deine Gnade bitt' ich.
Wirst Du mir einst vergeben?
  *Wirke ein Wunder an mir!*93

Anonym

Schon tausend Jahre

Wie lange, Davids Wurzel, wie lang' noch bleibst vergraben?
  Der Frühling naht, du solltest frische Blüten haben.
Soll immer noch bedrücken der Knecht den Fürstensohn?
  Der Fromme nicht, es sitzt der Schlaue auf dem Thron.
Nun tausend Jahr schon leb' ich im Drucke, im Exile,
  ein Knecht, in Wüstenei'n, dem Uhu ein Gespiele.
Komm, Daniels Engel*, tu' das Ende mir doch kund!
  *Das Ende, ach, verhüllt ist's, stumm des Engels Mund.*94

Shelomo ibn Gabirol

* Dem Propheten, Apokalyptiker und Traumdeuter Daniel offenbarte Jahwe durch seinen Engel Gabriel die Rettung bzw. Auferstehung der bereits verstorbenen gerechten Juden, das Ende des persischen Weltreichs und den Beginn des Gottesreiches in Jerusalem.

Exil

Sehnsucht nach Jerusalem

Du schöne Stadt, du Lust der Welt,
    Du einst des Königs Stadt genannt!
Wie sehnet sich zu dir mein Geist
    hier aus dem fernen Abendland.

Mein Busen wogt, mein Herz erglüht,
    gedenk' ich der vergang'nen Zeit.
Ach, dass zerstört ist deine Pracht,
    ach, dass dein Tempel ist entweiht!

O trügen Adlerschwingen mich
    und führten mich zu dir, o Stadt,
Ich weinte, bis der Tränen Flut
    den heil'gen Staub gesättigt hat.

Nach dir, nach dir verlange ich,
    ob auch dein König nicht mehr thront,
ob auch, wo Gileads Balsam floss*,
    nun die Otter haust, die Schlange wohnt.

Liebkosen möcht' ich jeden Stein
    und pressen ihn an meinen Mund,
denn süßer mir als Honig deucht,
    O Zion, dein geweihter Grund.[95]

Yehuda ha-Lewi

---

* Region östlich des Jordan, in der zu biblischen Zeiten Kräuter angebaut wurden, die man zu Salben verarbeitete; vgl. Jer 8,22 und 46,11.

Anhang

Dichterbiographien

Dunash ben Labrat
geb. 920 in Babylon, gest. 990 in Córdoba

Seine Familie, die ihren Ursprung auf den jüdischen Adel der Leviten zurückführt, war seit dem persischen Exil der Juden in Babylon beheimatet. Er studierte in Bagdad an der Jüdischen Akademie, ging dann in den Westen und lehrte an der Universität der marokkanischen Palaststadt Fès. Wegen seiner überragenden Fähigkeiten lud ihn Chasdai Ibn Shaprut um 960 nach Córdoba ein. Er war Leibarzt des Kalifen, mit diplomatischen und fiskalischen Aufgaben betraut, und hatte Córdoba zu einem Zentrum jüdischer Kultur entwickelt, indem er hier jüdische Gelehrte konzentrierte und Übersetzungstätigkeiten förderte.

Dunash ben Labrat setzte sich intensiv mit der grammatikalischen Struktur der hebräischen Sprache auseinander. Man kann ihn als Begründer der hebräischen Sprachwissenschaft bezeichnen. Er übertrug die akzentuierenden arabischen Metren und Strophenformen auf die quantitierende hebräische Sprache. Als erster jüdischer Dichter befreite er die hebräische Sprache, die bislang nur in der Synagoge verwendet worden war, aus dem religiösen Bezirk und erweiterte ihre Anwendung in das weltliche Terrain hinein.

Mit dieser Neuerung begann eine neue Epoche der hebräischen Sprache und Dichtung. Zeit seines Lebens musste er sich sachlich-philologisch oder polemisch mit jüdischen Grammatikern und seinen Lehrern auseinandersetzen, die diese Neuerungen ablehnten. Diese Werke zur hebräischen Grammatik schrieb er in Arabisch.

Dunash ben Labrat dürfte wohlhabend gewesen sein. Er war verheiratet, hatte Kinder und hat sich zeitweise auch außerhalb von Córdoba aufgehalten. Weitere Umstände seines Lebens kennen wir nicht. – Von seiner Ehefrau, deren Name nicht überliefert ist, stammt das einzige uns bis heute bekannte Gedicht einer jüdischen Frau aus al-Andalus.

Shemu'el ha-Nagid
geb. 993 in Córdoba, gest. 1056 während eines Kriegszuges, beerdigt in Córdoba

Er stammte aus einer reichen Kaufmannsfamilie, die sich auf den israelitischen Stamm der Leviten zurückführt, die im biblischen Jerusalem den vornehmen Dienst als Priester und Tempelsänger versahen. Er erhielt eine umfassende Ausbildung und wurde mit den Kulturen des Judentums und des Islam vertraut. Während der Einnahme Córdobas durch die streng orthodoxen Berbermuslime im Jahre 1013 sah er sich gezwungen, seine Heimatstadt zu verlassen. Der Überlieferung nach eröffnete er in Málaga einen Gewürzladen, wo ihn ein Hofbediensteter kennenlernte. Wegen seiner sprachlichen und kalligraphischen Fähigkeiten und eindrucksvollen Handschrift stellte ihn der König von Granada als Sekretär ein.

Shemu'el ha-Nagid avancierte zum obersten Steuereinnehmer, zum Minister und Großwesir, weil der muslimische König seinen arabischen Landsleuten nicht traute. Während der Auseinandersetzungen dessen beider Söhne um die Thronfolge bewährte er sich als neutraler und loyaler Vermittler, so dass er in den engsten Beraterkreis des nachfolgenden Königs berufen wurde. Mehrfach führte er als General die granadinische Armee z. B. gegen Sevilla und Almería an.

Wegen seiner Bibelkenntnisse, seiner Erfahrung im Umgang mit dem talmudischen Recht und seiner Führungsqualitäten wählte man ihn 1027 zum Leiter der Juden in Spanien, für die er sich zeit seines Lebens schützend und fördernd einsetzte. Er korrespondierte mit der jüdischen Gemeinde von Kairo und der jüdischen Akademie in Babylon. Da er auch des Aramäischen kundig war, legte er ein Wörterbuch zur hebräischen Bibel an. Mit dem islamischen Rechtsgelehrten und Dichter Ibn Hazm (994 - 1064) disputierte er über religiöse Themen.

Seine Söhne beauftragte er, seine zahlreichen Lebensweisheiten, religiösen Hymnen und Bittgebete sowie seine umfangreichen weltlichen Lieder zusammenzustellen. Eine Besonderheit sind seine poetischen Schlachtengemälde, die anlässlich seiner erfolgreichen militärischen Unternehmungen entstanden. Sie sind gleichwohl von einem pessimistischem Grundton getragen und weiten sich zu Klageliedern über die Vergeblichkeit menschlichen Strebens und der Nichtigkeit menschlicher Werke aus. Während einer Militäraktion starb er 1056 an Erschöpfung.

Ibn Hayyan (988 - 1076), ein zeitgenössischer arabischer Chronist, der die erste Geschichte von al-Andalus schrieb, notierte über ihn:

»Dieser verfluchte Jude war ein überlegener Mensch, obwohl Gott ihn nicht mit der richtigen Religion beschenkt hatte. Er besaß umfangreiches Wissen und ertrug anmaßendes Verhalten mit Geduld. Er verband einen ehrlichen und weisen Charakter mit einem klaren, geistreichen, höflichen und freundlichen Auftreten [...] Er schrieb in beiden Sprachen, Arabisch und Hebräisch. Er kannte die Literatur beider Völker. Er beschäftigte sich eingehend mit den Prinzipien der arabischen Sprache. Klassisches Arabisch sprach und schrieb er mit größter Leichtigkeit und verwendete es in den Briefen, die er im Namen seines Königs aufsetzte. In ihnen verwandte er die üblichen islamischen Formeln, lobte Gott und Mohammed, unseren Propheten, und empfahl dem Adressaten, nach den Regeln des Islam zu leben. Kurzum, man könnte glauben, seine Briefe wären von einem frommen Muslim geschrieben. Er war ausgezeichnet in den Wissenschaften der Antike, in der Mathematik und der Astronomie. Auch auf dem Gebiet der Logik verfügte er über ein umfangreiches Wissen. In der Dialektik war er seinen Gegnern überlegen.«[96]

Shelomo ibn Gabirol
geb. um 1020 in Málaga, gest. um 1055 in Valencia

Er war hochbegabt, wissbegierig und genoss eine mehrsprachige und philosophische Ausbildung in Córdoba. Wie man aus seinen Werken schließen kann, war er nicht nur ein Kenner der Bibel sowie ihrer Auslegungsgeschichte (Talmud) und der damals wieder erblühenden jüdischen Mystik (Kabbala), sondern auch vertraut mit der altarabischen und der Literatur der griechischen Antike.

Während des Zerfalls des Kalifats von Córdoba in muslimische Minireiche floh er in jugendlichem Alter mit seiner Familie 1035 in das von christlichen Herrschern regierte Zaragossa; dort nannte er sich stets »Solomo el-Sefardí«. Im Zirkel gelehrter Juden vertiefte er seine Bildung. Wenige Jahre nach der Ankunft in Zaragossa starben seine Eltern.

Er hatte von Geburt an eine schwache Gesundheit, war offenbar von kleinem Wuchs, von unansehnlicher Gestalt und litt unter schmerzhaften Erkrankungen. Ehe und Kinder blieben ihm verwehrt. Doch genoss er auf Grund seiner geistigen Universalität, seines scharfen Verstandes und seiner dichterischen Virtuosität Anerkennung und entwickelte früh ein ausgeprägtes, ja überzogenes Selbstwertgefühl: »*Ich bin ein Fürst, die Dichtung ist mir untertan [...] Nur sechzehn Jahre zähl ich erst, doch weise bin ich wie ein Mann von achtzig.*«[97]

Da er ausschließlich seiner Berufung als Dichter und Philosoph nachging, war er ständig auf Gönner angewiesen. In Saragossa erlangte er die Gunst des Juden Yéqutiél ben Isaak ibn Ḥassan, der am Hof des dortigen christlichen Herrschers eine prominente Stellung innehatte. Auf dessen Ermordung während eines politischen Machtwechsels im Jahre 1039 verfasste er Trauergedichte, die er zur kosmischen Klage ausweitete. Bekannt wurde er früh durch seine religiösen Lieder, in denen er die Verzweiflung der Juden über das Exil und Tröstungen in der Hoffnung auf Gott ausdrückte. Einige werden noch heute an jüdischen Festtagen in den Synagogen gesungen.

Auf Grund seines kritischen Temperaments, seiner unkonventionellen Ansichten und polemisch-satirischen Attacken kam es zu Auseinandersetzungen mit Freunden, Dichterkollegen und mit der jüdischen Gemeinde von Zaragossa, für die er zuvor Gebete geschrieben hatte. Er geriet in soziale Einsamkeit und Schwermut.

Er verließ Zaragossa und begab sich auf Wanderschaft, deren Verlauf wir nicht kennen. Der jüdische Wesir von Granada, Shemu'el ha-Nagid, u. a. Dichter wie er, lud ihn ein und wurde sein Mäzen, doch überwarf er sich auch mit ihm. Ibn Gabirol starb unter unbekannten Umständen in Valencia.

Trotz dieser schwierigen Lebensumstände verfasste er ein umfangreiches poetisches Werk in Hebräisch und ein philosophisches in Arabisch. Er griff in seinen Gedichten die gängigen poetischen Themen der Zeit auf: Natur, Wein, Liebe, Freundschaft. Doch verarbeitete er sie in spezifischer Weise: Die Natur wird zur Seelenlandschaft, Weingenuss verbindet er mit Vergänglichkeitsahnungen, die Liebe ist von Tragik umweht, ein Nachruf auf Gönner wird zum Symbol allgemeiner Verlassenheit: »Seine Klagegesänge über die Geworfenheit des Menschen in eine dunkle, unfassbare und zutiefst zerrüttete Welt gehören in ihrer düsteren Schönheit zu den erhabensten Werken der Weltliteratur.«[98]

Shelomo ibn Gabirol verstand sich nicht nur als Dichterfürst. Seine philosophisch-theologischen Werke fanden im Gegensatz zu seinen Dichtungen nur eine geringe Resonanz. Eine Ausnahme bildet sein Hauptwerk »Die Quelle des Lebens«. Unter dem latinisierten Namen »Aviceborn« wurde es schon im 12. Jahrhundert ins Lateinische übersetzt und von christlichen Theologen rezipiert.

Moshe ibn Ezra
geb.1055 in Granada, gest. 1135 an unbekanntem Ort in Nordspanien

Seine Eltern, die einer vornehmem und seit Generationen berühmten Familie angehörten, ließen ihn in allen Bereichen der jüdischen und muslimischen Kultur seiner Zeit ausbilden. Als Dichter und Grammatiker erwarb er sich in seiner Heimatstadt hohes Ansehen. Mit einem Ehrentitel ausgezeichnet, verkehrte er am Kalifenhof von Granada, führte ein sorgenfreies Leben, umgeben von Dichterkollegen. Der in jungen Jahren literarisch bereits hervorgetretene Jehuda ha-Levi wurde von ihm in den dortigen Dichterkreis eingeladen und gefördert.

Als 1090 im Zusammenhang mit der Machtübernahme der muslimisch-sittenstrengen Almoraviden die jüdische Gemeinde verfolgt und in einem Pogrom fast völlig ausgelöscht wurde, konnte er überleben und schließlich in den christlichen Norden entkommen. Jahrelang führte er dort mit Jehuda ha-Levi ein umtriebiges Wanderleben auf der Suche nach Mäzenen, für die er zur Sicherung seines Lebensunterhaltes im Stile der Zeit überschwängliche Lobgedichte anfertigte.

Kennzeichneten lange Zeit Lebensfreude und Lebenslust, z. T. auch derbe Sinnenhaftigkeit und Wortwitz seine Gedichte, so schlagen diese Töne im nördlichen Exil mit zunehmendem Alter in Trauer, Spott und Bitterkeit um. Er klagt über den Verlust seiner Jugendlichkeit, betrauert den Tod von Yehuda ha-Lewi und die allgemeine Vergänglichkeit. Er fühlt sich als Gefangener, von christlichen wie jüdischen Ignoranten umgeben, unverstanden und vereinsamt:
»*Ich lechze nach der Heimatstadt / [...] Zum Unglück zeichnet mich das Schicksal aus, / es drängt und zwingt mich unter schweres Joch; / es hat voll Hass mich in ein Volk verstoßen, / welchem der Wahrheit Licht verborgen blieb. / Die Toren herrschen über ihre Herrscher, / ins Dunkel sind die Mächtigen gestürzt; / bei ihrer Münder Rede packt mich Scham, / ich wohne wie ein Stummer unter ihnen. / Ich weiß nicht: ist mein Sinn verwirrt durch sie, / oder hat Wahn und Torheit sie verblendet?*«[99]

Er verfasste Gebete und religiöse Gedichte in Hebräisch, die Aufnahme in die Gemeindeliturgie fanden. Er sah sich auch als Philosoph und spekulierte in Arabisch unter platonischem Einfluss z.B. über die Möglichkeiten der Erkenntnis, über das Wesen Gottes oder die Stellung des »Mikrokosmos Mensch« im Makrokosmos. Das erste Lehrbuch zur Rhetorik und Poetik des Hebräischen schrieb er in Arabisch.

Yehuda ha-Lewi
geb. um 1070 in Tudela (gelegen im Ebro-Tal in der heutigen Region Navarra), gest. 1145 an unbekanntem Ort in Palästina

Jehuda entstammte einer wohlhabenden und gelehrten Familie und erhielt eine umfassende literarische Ausbildung in Hebräisch und in Arabisch. Auch beherrschte er die damalige romanische Volkssprache. Als junger Mann kam er nach Granada und genoss dort ein sorgloses Leben. Durch Dichterwettbewerbe wurde man auf ihn aufmerksam. In Córdoba erweiterte er seine wissenschaftlich-philosophische Bildung und erlernte den Beruf des Arztes. Als sich nach der Übernahme der Herrschaft durch die strikt muslimisch-orthodoxen Almoraviden die Lage der Juden im Süden Spaniens verschlechterte, begab er sich mit vielen anderen Juden in den christlichen Norden und führte fortan ein unstetes Wanderleben. Er praktizierte als Arzt, um seinen Lebensunterhalt zu sichern, z. B. als Leibarzt des christlichen Königs Alfonso VI. von Toledo.

Mit zahlreichen jüdischen Würdenträgern in der jüdischen Diaspora stand er brieflich in Verbindung, denn sein Rat war überall gefragt. Eine langjährige Freundschaft verband ihn mit dem 15 Jahre älteren Moshe ibn Ezra, seinem poetischen und menschlichen Vorbild. Mit ihm bereiste er u. a. Nordafrika.

Er litt unter den Unsicherheiten und Drangsalierungen der jüdischen Gemeinden in den Diasporagebieten. Nach 1000 Jahren des Exils erwartete er wie viele Juden seiner Zeit die Ankunft des Messias, die Befreiung des von christlichen Kreuzrittern besetzten Palästina und die Rückkehr der Juden in das ihnen verheißene Land.

Im 70. Lebensjahr entschied er sich, seine spanische Heimat, Familie und Freunde zu verlassen. Er wagte die Fahrt über das Mittelmeer, um die Gräber der biblischen Propheten aufzusuchen und im zerstörten Jerusalemer Tempel zu beten. 1140 traf er in Ägypten ein. Die gefährliche Überfahrt und seinen Aufenthalt in Ägypten hat er mit zahlreichen eindrucksvollen Gedichten begleitet. Wo und unter welchen Umständen er starb, ist unbekannt.

Sein literarischer Ruf eilte ihm auf seinen Wanderungen in Spanien und auch seiner Reise über Ägypten nach Palästina von Gemeinde zu Gemeinde voraus. Mit »Zionsliedern«, einer von ihm kreierten poetischen Gattung, wurde er zu einem gefeierten Dichter nationaler Tröstungen und Hoffnungen.

Seine religiöse und säkulare Poesie schrieb er in Hebräisch, seine philosophisch-theologischen Werke in Arabisch. Zu ihnen gehört »Das Buch von der Argumentation und Beweisführung über den Triumph der verachteten Religion«. Es handelt sich um einen Religionsdialog zwischen einem Juden, Christen und Muslimen. Darin betont der jüdische Religionsvertreter den Bund Jahwes mit dem jüdischen Volk, das er ermutigt, die religiös begründete Identität und Hoffnung auf Erlösung niemals aufzugeben.

Seine Person und sein Werk sind in der jüdischen Welt nie in Vergessenheit geraten. Sein großes »Zions-Lied«, wird bis heute am 9. Av (fünfter Monat im Jüdischen, Juli/August im Gregorianischen Kalender) in vielen Synagogen zur Erinnerung an die Zerstörung des Jerusalemer Tempels rezitiert.

Anmerkungen

1 Höxter, 75ff.
2 Der Name findet sich in der biblischen Schrift des Propheten Obadja (Vers 20) und bezeichnet einen Ort bzw. eine Landschaft im Norden Israels.
3 Alphéus/Jegensdorf: Liebe verwandelt die Wüste in einen duftenden Blumengarten. Liebesgedichte aus dem arabischen Zeitalter Spaniens. 2017.
4 Das Wunder von al-Andalus, 30.
5 Vgl. die sensationelle Entdeckung von umfangreichen mittelalterlichen, religiösen wie profanen Schriftstücken bzw. Fragmenten in den 1890er Jahren in der »Geniza« der sephardischen Ben-Ezra-Synagoge von Kairo.
6 Rehrmann, 55.
7 Selected Poems of Samuel Ibn Nagrela, 112, Übersetzung durch die Verfasser.
8 Siehe: Artikel »Chardscha« unter https://de.wikipedia.org/wiki/Chardscha.
9 Das eigentliche »Judenspanisch«/»Ladino« mit seinen länderspezifischen Varianten bildete sich nach 1492 aus, als es keine Verbindungen zur nun weitgehend ausgelöschten jüdischen Kultur auf der Iberischen Halbinsel gab.
10 Vgl. Bargebuhr, Salomo Ibn Gabirol, 138ff.
11 Vgl. Tobi, 201ff.
12 Dazu gehören als Hauptformen Muwaššah (nichtstrophisch, Monoreim, Langverse in Halbzeilen, nicht begrenzte Versanzahl, Schlussstrophe als »Ḥarǧa«), Zaǧal (mehrere Reime, strophisch), Ghazal (strophisch, abwechselnde Reime, erotische Thematik), Quasîde (Langzeilen mit gereimten Halbversen, polythematisch).
13 In seiner Studie über Salomo Ibn Gabirol zeigt Bargebuhr an zahlreichen von ihm untersuchten Gedichten nicht nur die jeweiligen Bezüge zur jüdischen Bibel auf, sondern darüber hinaus auch Anklänge und Parallelen zu Dichtungen und zu Philosophien von arabischen, vorislamischen und antiken Schriftstellern.
14 Das Wunder von al-Andalus, 16.
15 Bargebuhr, Salomo Ibn Gabirol, 381.
16 Vgl. das zusammenfassende Kapitel »Messianismus« in: Bomhoff, Homolka, 468ff.
17 Eindrucksvolle Ergebnisse liegen auf spanischen CDs vor (s. Literaturverzeichnis).
18 Zitiert nach Bargebuhr, Shelomo ibn Gabirol, IX.
19 Rehrmann, 46.
20 Vgl. zur Thematik der Westgoten: Herbers, 36ff.
21 Herbers, 48.
22 Leroy, 76.
23 Clot, 200.

24 Spanien und die Sepharden, 11; Das Wunder von al-Andalus, 39.
25 Vgl. zu den zentripetalen und zentrifugalen Tendenzen des Kalifats: Herbers, 83ff.
26 Heinrich Heine, Romanzero, 3. Buch: Hebräische Melodien, 136.
27 Vgl. Bossong, Die Sepharden, 63ff.
28 Vgl. z.B. Jaspert: Die Reconquista; Leroy, 77-109: »Die Vertreibung aus Spanien«; Rehrmann, 69ff.
29 »MUHBA El Call de Barcelona«.
30 »Museu d'História dels Jueus«.
31 »Instituto de Estudios de Sefardíos«.
32 »Centro de Interpretación Judería de Sevilla«
33 »Synagoga del Tránsito«, »Synagoga de Santa Maria la Blanca«, »Fundación Sefarad. Lengua, Historia y Cultura«.
34 Schippers, 193f, Übersetzung durch die Verfasser.
35 Schippers, 191, Übersetzung durch die Verfasser.
36 Bargebuhr, The Alhambra, 353, Übersetzung durch die Verfasser.
37 Bargebuhr, Salomo Ibn Gabirol, 508.
38 Schippers, 192, Übersetzung durch die Verfasser.
39 Nach Bargebuhr, The Alhambra, 333, Übersetzung durch die Verfasser.
40 Das Wunder von al-Andalus, 203f.
41 Höxter, 28.
42 Bargebuhr, The Alhambra, 265ff, Übersetzung durch die Verfasser.
43 Cuarto Poetas Hebraico-Españolas, 23, Übersetzung durch die Verfasser.
44 Das Wunder von al-Andalus, 214f.
45 Das Wunder von al-Andalus, 226ff.
46 Scheindlin, 55, Übersetzung durch die Verfasser.
47 Tobi, 197, Übersetzung durch die Verfasser.
48 Selected Poems of Samuel Ibn Negrela, 109, Übersetzung durch die Verfasser.
49 Divan des Jehuda Halevi, 114.
50 Schippers, 117, Übersetzung durch die Verfasser.
51 Divan des Jehuda Halevi, 114.
52 Nach Bargebuhr, 77.
53 Höxter, 18.
54 Unter dem Vorzeichen allegorischer Deutung wurde dieses Buch in den Kanon der jüdischen wie christlichen Bibel mit der Begründung aufgenommen, die dargestellte Liebe von Mann und Frau stelle verhüllt die mystische Liebe Jahwes zu seinem Volk Israel dar bzw. die Liebe Jesu zu seiner Braut, der Kirche. Zahlreiche Motive des Hohen Liedes finden sich sowohl in den muslimisch-arabischen als auch in den in dieser Publikation vorgelegten neuhebräischen Liebesliedern. Dies ist ein Hinweis darauf, dass Judentum, Christentum und Islam aus einer gemeinsamen Quelle altorientalischer Kultur schöpfen.
55 Es handelt sich offenbar um eine Motivanleihe aus dem zeitgenössischen

»arabischen Minnesang«. Er beeinflusste, ausgehend von der Iberischen Halbinsel und vermittelt durch die französischen Troubadours, auch die mittelhochdeutschen Minnesänger. Vgl. Alphéus, Jegensdorf, 81ff.
56 Ebd., 55ff.
57 Ha-Lewi, Ein Divan, 45.
58 Cuarto Poetas Hebraico-Españolas, 29, Übersetzung durch die Verfasser.
59 Schippers, 125, Übersetzung durch die Verfasser.
60 The Dream of Poem, 45, Übersetzung durch die Verfasser.
61 Divan des Jehuda Halevi, 132ff.
62 Schippers, 128, Übersetzung durch die Verfasser.
63 Das Wunder von al-Andalus, 257f.
64 Divan des Jehuda Halevi, 127.
65 Das Wunder von al-Andalus, 247f. Die letzten vier Verse bilden eine »Ḫarǧa«, vgl. Anm. 8.
66 Poetas Hebreos de al-Andalus, 158, Übersetzung durch die Verfasser.
67 Divan des Jehuda Halevi, 129.
68 Ibn Ha-Nagid, Poema 2, 204, Übersetzung durch die Verfasser.
69 The Dream of the Poem, 70, Übersetzung durch die Verfasser.
70 Cuarto Poetas Hebraico-Españolas, 49, Übersetzung durch die Verfasser.
71 Ibn Ha-Nagid, Poema 2, 139, Übersetzung durch die Verfasser.
72 Ibn Ha-Nagid, Poema 2, 137, Übersetzung durch die Verfasser.
73 Divan des Jehuda Ha-Levi, 131.
74 Selected Poems of Samuel Ibn Nagrela, 121, Übersetzung durch die Verfasser.
75 Bargebuhr, Salomo Ibn Gabirol, 258.
76 Bargebuhr, Salomo Ibn Gabirol, 245.
77 Bargebuhr, Salomo Ibn Gabirol, 248.
78 Das Wunder von al-Andalus, 218ff.
79 The Defiant Muse, 63, Übersetzung durch die Verfasser.
80 Schippers, 268, Übersetzung durch die Verfasser.
81 Schippers, 285, Übersetzung durch die Verfasser.
82 Poetas Hebreos de al-Andalus, 136, Übersetzung durch die Verfasser.
83 The Dream of the Poem, 68f, Übersetzung durch die Verfasser.
84 The Dream of the Poem, 66, Übersetzung durch die Verfasser.
85 Schrott, 339f.
86 Schippers, 265, Übersetzung durch die Verfasser.
87 Der jüdischer Monat Av entspricht etwa dem Monat Juli im Gregorianischen Kalender.
88 Das umfang- und facettenreiche »Zionslied« von Yehuda ha-Lewi liegt in älteren und neueren deutschen Übersetzungen vor. Vgl. Ha-Lewi, Ein Divan, 80ff; Divan des Jehuda Halevi, 115ff, 165ff (Übersetzungen von mehreren Verfassern, u. a. von Moses Mendelssohn und Johann Gottfried Herder); Ha-Lewi,

Zweiundneunzig Hymnen und Gedichte, 148-150; Höxter, 37ff;
Das Wunder von al-Andalus, 262ff.
89 Vgl. Ha-Lewi, Zweiundneunzig Hymnen, 129.
90 Das Wunder von al-Andalus, 176f.
91 Schippers, 200, Übersetzung durch die Verfasser.
92 Geiger, Salomo Gabirol und seine Dichtungen, 56.
93 Sephardische Musik. CD »Moses Maimonides, Edad de Oro en Al-Andalus«, Booklet, 14f, Übersetzung durch die Verfasser.
94 Geiger, 102f.
95 Höxter, 36f.
96 Zitiert nach Schippers, 54f.
97 Nach Bargebuhr, Salomo Ibn Gabirol, 154.
98 Das Wunder von al-Andalus, 193.
99 Das Wunder von al-Andalus, 225.

Literaturverzeichnis

1. Quellen der zitierten Gedichte

Bargebuhr, Frederick Perez: Salomo Ibn Gabirol. Ostwestliches Dichtertum. Wiesbaden: Harrassowitz 1976.
Cuarto Poetas Hebraico-Españolas. Antología. Ed. Rosa Castello. Madrid: Aguilar 1973.
Das Wunder von al-Andalus. Die schönsten Gedichte aus dem maurischen Spanien. Aus dem Arabischen und Hebräischen ins Deutsche übertragen und erläutert von Georg Bossong. München: Beck 2005.
Divan des Jehuda Halevi. Eine Auswahl von deutschen Übertragungen von Abr. Geiger, S. Heller, S. J. Kämpf, S. Kristeller, Jul. Landsberger, M. Levin, Mor. Rappaport, Michael Sachs, A. Sulzbach, Mor. Steinschneider u. A. Berlin: Hugo Schildberger 1893.
Geiger, Abraham: Salomo Gabirol und seine Dichtungen. Leipzig: Leiner 1867.
Ha-Lewi: Ein Divan. Übertragen und mit einem Lebensbild versehen von Emil Bernhard. Berlin: Erich Reiss 1921.
Ha-Lewi: Zweiundneunzig Hymnen und Gedichte. Deutsch. Hg. von Franz Rosenzweig. Berlin: Lambert Schneider 1927.
Ha-Lewi: Zionslieder. Hg. von Franz Rosenzweig. Berlin: Schicken 1933.
Ha-Nagid, Shemu'el: Poema. Ed. by Ángel Sáenz-Badillos y Judit Targarona Borra. Cordoba: Ediciones el Almendro 1988. Vol 1: Desde el Campo de Batalla. Vol. 2: En la Corte de Granada.
Höxter, Julius: Quellenbuch zur jüdischen Geschichte und Literatur. 5 Bde. Band 2: Spanien. Frankfurt a. M.: J. Kauffmann 1928.
Ibn Gabirol, Shelomo: Selected Poems of Solomon Ibn Gabirol. Translated from the Hebrew by Peter Cole. Princeton: Princeton University Press 2001.
Poetas Hebreos de al-Andalus: Siglos X–XII. Antología. Ed. by Ángel Sáenz-Badillos y Judit Targarona Borrás. Córdoba: Ediciónes el Almendro 1988.
Scheindlin, Raymond P.: Wine, Women and Death. Philadelphia, New York, Jerusalem: The Jewish Publication Society 1986.
Schippers, Arie: Spanish Hebrew Poetry and the Arabic Literary Tradition. Arabic Themes in Hebrew Poetry. Leiden – New York – Köln: Brill 1994.
Schrott, Raoul: Die Erfindung der Poesie. Gedichte aus den ersten vier Jahrtausenden. Frankfurt: Eichborn 2009.
Selected Poems of Samuel ibn Nagrela. Jewish Prince in Moslem Spain Ed. by Leon J. Weinberger. Tuscaloosa: University of Alabama 1973.
The Defiant Muse. Hebrew Feminist Poems from Antiquity to the Present. A Bilingual Anthology. Ed. by Shirley Kaufman, Galit Hasan-Rokem, Tamar S. Hess. Foreword by Alicia Suskin Ostriker. New York: Feminist Press at the City University of New York 1998.

The Dream of the Poem. Hebrew Poetry from Muslim and Christian Spain 950-1492. Ed. by Peter Cole. Princeton: Princeton University Press 2007.
Tobi, Yosef: Proximity and Distance. Medieval Hebrew and Arabic Poetry. Translated from the Hebrew by Murray Rosovsky. Leiden – Boston: Brill 2004.

2. Zitierte Sekundärliteratur

Alphéus, Sylvia; Jegensdorf, Lothar: Liebe verwandelt die Wüste in einen duftenden Blumengarten. Liebesgedichte aus dem arabischen Zeitalter Spaniens. Jüchen: Romeon 2020.
Bargebuhr, Frederick Perez: The Alhambra. A Cycle of Studies on the Eleventh Century in Moorish Spain. Berlin: de Gruyter 1968.
Bernecker, Walter L.: Die Vertreibung der Juden aus Spanien. In: Spanien und die Sepharden. Hg. von Norbert Rehrmann und Andreas Koechert. Tübingen: Niemeyer 1999, 27-42.
Bomhoff, Hartmut; Homolka, Walter; Nachama, Andreas: Basiswissen Judentum. Freiburg: Herder 2015.
Bossong, Georg: Die Sepharden. Geschichte und Kultur der spanischen Juden. München: Beck 2008.
Clot, André: Das maurische Spanien. Aus dem Französischen von Harald Erhardt. Düsseldorf: Patmos 2002.
Guichard, Pierre: al-Andalus. Acht Jahrhunderte muslimischer Zivilisation in Spanien. Tübingen: Wasmuth 2005.
Heine, Heinrich: Werke und Briefe. Bd. 2: Romanzero. Gedichte. 1853 und 1854. Berlin – Weimar: Aufbau Verlag 1972.
Herbers, Klaus: Geschichte Spaniens im Mittelalter. Vom Westgotenreich bis zum Ende des 15. Jahrhundert. Stuttgart: Kohlhammer 2006.
Jaspert, Nikolas: Die Reconquista. Christen und Muslime auf der Iberischen Halbinsel. 711-1492. München: Beck 2019.
Leggewie, Claus: Alhambra – Der Islam im Westen. Reinbek: Rowohlt 1993.
Lewis, Bernhard: Die Juden in der islamischen Welt. München: Beck 2004.
Leroy, Béatrice: Die Sephardim. Geschichte des iberischen Judentums. Berlin: Ullstein 1991
Rehrmann, Norbert: Das schwierige Erbe von Sefarad. Juden und Mauren in der spanischen Literatur. Von der Romantik bis zur Mitte des 20. Jahrhunderts. Frankfurt: Vervuert 2002.
Spanien und die Sepharden. Geschichte, Kultur, Literatur. Hg. von Norbert Rehrmann und Andreas Koechert. Tübingen: Niemeyer 1999.

3. Sephardische Musik aus al-Andalus (ausgewählte CDs)

Canciónes de Sefarad. CD con folleto (booklet). Coleccíon Histórica.
Editorial Eduardo Paniagua. Madrid 2000 (Serie Pneuma PN 270).
Las Tres Culturas de la Música medieval Española. CD con folleto (booklet).
Coleccíon Histórica. Editorial Eduardo Paniagua. Madrid 2001
(Serie Pneuma PN 350).
Maimonides, Moses: Edad de Oro en al-Andalus. CD con folleto (booklet).
Editorial Eduardo Paniagua. Madrid 2004. (Serie Pneuma PN 580).
Morada del corazón: Sefarad en al-Andalus Siglo XI-XII. CD con folleto
(Booklet). Editorial Eduardo Paniagua, Jorge Rozemblum. Madrid 2003.
(Serie Pneuma PN 540).

Zeittafel

- Während der Zeit des Römischen Reiches Verbreitung von Juden im gesamten Mittelmeerraum
- 70 u. Z. Eroberung Jerusalems und Zerstörung des Tempels durch die Römer. Nach Niederschlagung mehrerer Aufstände durch die Römer im 1. und 2. Jh. verstärkter Zuzug von Juden auch auf die Iberische Halbinsel
- 461 Eroberung der Iberischen Halbinsel durch christl. Westgoten, Hauptstadt Toledo; jüdisches Leben zwischen Duldung und Unterdrückung

	Araber auf der Iberischen Halbinsel	Zitierte jüdische Dichter
711	Sieg des arab. Berbers Tariq ibn Ziyad über den Westgotenkönig Roderich, Eroberung der Iberischen Halbinsel bis auf den Norden durch die islamischen Araber von Gibraltar her; Hauptstadt: Córdoba	
732	Niederlage der Araber bei Tours und Poitiers durch die Franken unter Karl Martell; Beendigung des arabischen Vormarsches in Europa	
756 - 1031	Dynastie der Omayaden Emirat und Kalifat von Córdoba, Bau der Großen Moschee in Córdoba und der Palaststadt Madīnat az-Zahrā'; 1010-1013 Belagerung, Eroberung und Brandschatzung Córdobas durch berberische Truppen	* 993 **Shemu'el ha-Nagid** in Córdoba oder Merida geb. um 925 **Dunash ben Labrat** in Babylon geb. um 1020 **Shelomo ibn Gabirol** in Malaga; um 1035 Flucht nach Zaragoza 1027 Ernennung von Shemu'el ha-Nagid zum Wesir gest. um 995 **Dunash ben Labrat** in Córdoba
1031 - 1492	Zerfall von al-Andalus in zahlreiche Taifas (muslimische Kleinkönigreiche) mit eigenen Hauptstädten; allgemeiner kultureller Aufschwung in den Künsten, in der Poesie und in den Wissenschaften	1049 Aufenthalt von Shelomo ibn Gabirol in Granada * 1055 **Moshe ibn Ezra** in Granada † 1056 **Shemu'el ha-Nagid** in Granada † 1056 **Shelomo ibn Gabirol** in Valencia um 1060 Errichtung eines Palastes auf der Alhambra durch Shemu'el ha-Nagid 1070 Tausendjährige Wiederkehr der Exilierung Israels

1023 - 1091	Dynastie der Abadiden 1054 Beginn der Reconquista unter Alfons VI. von Kastilien 1085 Einnahme von Toledo	geb. um 1070 **Yehuda ha-Lewi** in Tudela um 1095 Moshe ibn 'Ezra und Yehuda ha-Lewi im christlichen Norden
1091 - 1145	Dynastie der Almorawiden Rückeroberung der Taifas durch strenggläubige Muslime vom Süden her, Beginn der Fluchtbewegungen von Juden und Christen in den toleranteren christlichen Norden, muslimischer Antijudaismus	† 1135 **Moshe ibn Ezra** an unbekanntem Ort † 1145 **Yehuda ha-Lewi** an unbekanntem Ort in Palästina 12.-13. Jh. Toledo ist Zentrum von Übersetzungen aus dem Arabischen und Hebräischen ins Lateinische unter Mitwirkung von Juden, Arabern und Christen
1147 - 1223	Dynastie der Almohaden	Massenflucht von Juden in den christlichen Norden Schutz und Förderung der Juden unter König Alfons X. (Regierungszeit: 1252 - 1284)
1232 - 1492	Dynastie der Nasriden in Granada 1391 Vollendung der Alhambra 1492 Einnahme von Granada durch die kath. Könige und kampflose Übergabe der Alhambra durch den letzten Sultan Muhammad XII. (= christl. »Boabdil«)	1480 Einrichtung der spanischen Inquisition

- 1492 Ende der islamischen Herrschaft auf der Iberischen Halbinsel
- 1492 Alhambra-Dekret zur Zwangstaufe bzw. Ausweisung der Juden aus spanischen Hoheitsgebieten, Verbot des Hebräischen in Wort und Schrift

Von Sylvia Alphéus und Lothar Jegensdorf
ist im Verlag Romeon ebenfalls erschienen:

»Liebe verwandelt die Wüste
in einen duftenden Blumengarten«
Liebesgedichte aus dem arabischen Zeitalter Spaniens (2020).

ISBN: 978-3-96229-203-4   Preis: 16,95 €